L'Alsace au Point de croix

Remerciements

L'auteur remercie toutes les personnes
qui ont contribués à la réalisation de cet ouvrage.
Sa gratitude se porte tout particulièrement vers Patricia, Laurence, Edith, Rémy,
Benjamin, Danilla, son épouse qui a brodé les ouvrages,
Béatrice Orrière.

Les photographies des ouvrages au point de croix
ont été réalisées par Olivier Frimat
au Musée du Pain d'Epices,
à Gertwiller.

ISBN 2-914856-11-3

39, Place Saint-Louis
57000 Metz
Tél. 03 87 75 25 73

Bertrand Senart

Est Libris

Les pages qui suivent évoquent l'Alsace traditionnelle.
Notre objectif sera atteint si ces pages incitent les brodeuses
à découvrir davantage l'Alsace
ou si l'envie venait aux amis de l'Alsace
de découvrir la broderie.
Les modèles proposés, tous originaux,
ont été imaginés en puisant notre inspiration
dans les arts et les traditions populaires d'Alsace.

Point de croix

&

Traditions

DÉJÀ connu en Europe au Moyen Age, le point de croix à points comptés (*Krizzelstich*) a trouvé dès cette époque son application pour l'embellissement du linge et des costumes, aussi bien dans la réalisation de décors richement brodés à l'aide de fils de couleur, voire enrichis d'or ou d'argent, que dans des compositions monochromes où les décors symboliques prédominent.

Il connut également un fort engouement lorsqu'il s'est agi d'identifier le linge domestique (on parle alors plus souvent de « point de marque ») afin de prévenir toute confusion chez la lavandière ou au lavoir lors des opérations des grands nettoyages telles que l'*Oschterputz* (le nettoyage de printemps en Alsace). Sa simplicité de réalisation en faisait dans ce cas le favori des brodeuses. L'Alsace n'a pas échappé à cet engouement, mieux, elle en a été l'un des berceaux.

La maîtrise de la broderie, et celle du point de croix en particulier, comme bien d'autres savoir-faire, se transmettait alors de mère en fille au cours des veillées familiales. Les fillettes réalisaient à cette occasion, non sans quelques maladresses qui contribuent aujourd'hui à leur charme, ces travaux d'apprentissage traditionnels que sont les marquoirs modèles (*Stickmuschterdiechel*) ou « marquettes », si recherchés de nos jours et prisés des connaisseurs.

Souvent réalisés sur des toiles à « canevas » (mot dérivé du mot chanvre qui désigne la matière dont les toiles étaient

Plastron décoré de broderies, verroteries et dentelles.

originellement constituées) pour plus de facilité dans l'exécution, ils contribuaient à l'apprentissage de l'alphabet et, dans une moindre mesure, à celui de la lecture. N'imagine-t-on pas aisément la fillette, penchée sur son ouvrage, appliquée à broder, croix après croix, les vingt-six lettres et mémorisant chacune d'entre elles ? L'enseignement des travaux d'aiguilles avait également pour but, notamment dans nos campagnes, de permettre à la jeune fille de préparer son trousseau et, ce faisant, de s'avancer progressivement vers le statut de « fille à marier ».

Le marquage du linge, parfois également appelé « chiffrage », respectait des règles bien établies souvent reprises dans les ouvrages et revues qui diffusaient les grilles de modèles d'alphabets. Pour confectionner de belles piles de linge dans les armoires et en faciliter la gestion, les monogrammes se devaient de rester visibles une fois le linge repassé et plié, ce qui déterminait des emplacements biens définis et des consignes de repassage également strictes.

En plus de son utilisation comme point de marque, le point de croix à points comptés était très souvent employé en Alsace pour la décoration du linge de maison et la réalisation de pièces typiques telles que les torchons d'apparat ou les serviettes de corbeilles.

Lors de nos recherches, nous n'avons rencontré que très peu de costumes traditionnels locaux brodés au point de croix. Les éléments typiques de la région comme le plastron ou les bonnets sont décorés de broderies au point de feston et au point de tige, en fil d'or ou d'argent agrémenté de paillettes, et sont le plus souvent l'œuvre de brodeuses professionnelles, mieux à même de maîtriser toutes les subtilités des techniques requises pour de telles pièces. Cependant une interrogation demeure, qui revient régulièrement lorsque l'on s'intéresse aux broderies anciennes : pourquoi l'usage presque exclusif de la couleur rouge pour les broderies monochromes ? Les raisons de cet usage sont multiples et tributaires des motivations propres à chaque brodeuse : nous pouvons y voir une valeur symbolique ou, plus exactement, des valeurs symboliques. Certains auteurs parlent de « rouge sang », en relation avec le sang du Christ. Pour d'autres, le rouge rappelle le sang versé lors des nombreuses guerres qui endeuillèrent la région, et plus particulièrement la guerre de Trente Ans. On ne peut ignorer également la symbolique du feu, très proche de celle du sang et de la

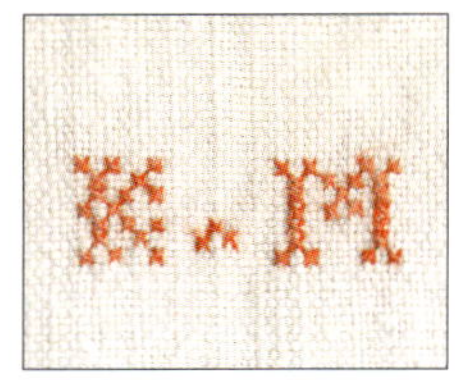

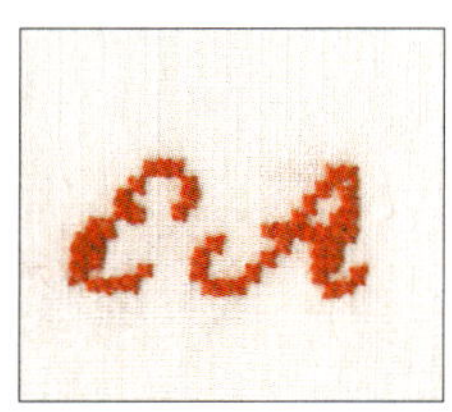

Détail d'un essuie-mains de parade.

Passion. Mais le rouge c'est aussi, et surtout ici, la couleur de l'amour. N'est-ce pas l'amour que ces broderies exprimaient le plus souvent ?

Une raison plus prosaïque peut être avancée : elle tient dans la disponibilité et la diffusion auprès de ces mêmes brodeuses des fils teintés de cette couleur. En effet, dans le contexte économique de l'époque dit « de pénurie » où le fournisseur pouvait imposer ses choix, le consommateur devait se satisfaire de ce que le marché lui proposait.

Or, la très précoce maîtrise de la technique de teinture utilisant la garance, ainsi que la disponibilité de cette plante comme matière première, ont fortement influencé la prédominance de la couleur rouge.

Quoi qu'il en soit, ce rouge, même lorsqu'il est délavé, contribue au charme des broderies anciennes tant admirées lorsque nous les rencontrons et reste une couleur dominante pour les ouvrages monochromes actuels, indépendamment des raisons évoquées plus haut.

Le point de croix au fil du temps

Les quelques dates qui suivent résument les principales étapes de l'évolution du point de croix.

Moyen Age

Les châtelaines emploient des fils de laine et de soie pour reproduire sur des canevas les motifs des tapisseries rapportées d'Orient par les croisés.

XVIe siècle

Les premiers *samplers* sont connus. Les premiers recueils de motifs imprimés apparaissent. Avec l'arrivée des teintures exotiques dont l'indigo d'Asie, l'utilisation des couleurs multiples se démocratise.

XVIIIe siècle

Si le marquage du linge se pratique de longue date, son usage se diffuse plus amplement à cette période. L'utilisation des aiguilles à broder en acier poli se généralise. L'emploi du fil de soie prédomine.

Début XIXe siècle

Les manufactures qui proposent fils et modèles pour brodeuses font leur apparition.

Les premières grilles en couleurs apparaissent et l'on peut constater l'évolution des motifs vers des sujets moins stylisés.

C'est l'âge d'or des éditions de recueils de modèles (Sajou, Cartier Bresson, DMC, etc.). Les fils de coton et de laine supplantent le fil de soie.

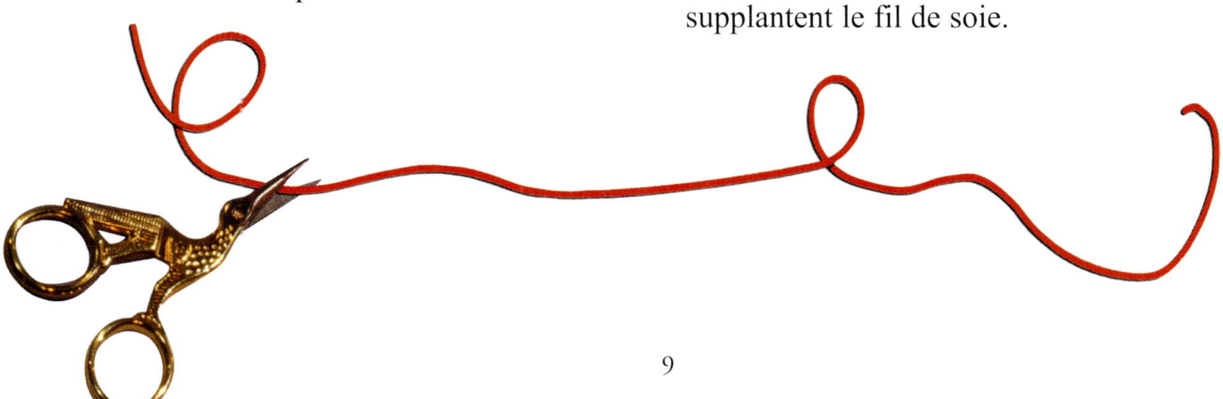

Milieu du XIXe siècle

Les colorants synthétiques apparaissent. L'enseignement obligatoire pour les jeunes filles est instauré, ce qui amène une généralisation de l'apprentissage de la broderie et de la réalisation de marquettes.

Fin XIXe siècle - début XXe siècle

Les fil DMC Mercerisé, le Mouliné, sont commercialisés. Ils sont un heureux compromis entre la soie au prix relativement élevé dont ils rappellent l'aspect et le coton dont ils approchent le coût.

L'industrie cotonnière se développe, et des villes comme Mulhouse, liée à cette activité, sont en pleine expansion. La culture du chanvre s'étiole.

Milieu du XXe siècle

La production de linge de maison en lin devient confidentielle. Après être tombé en désuétude suite à l'abandon de son enseignement à l'école, le point de croix retrouve les faveurs du public pour des loisirs créatifs enrichissants.

Les matières premières

Jusqu'au milieu du XIXe siècle, les paysans produisaient eux-mêmes les plantes nécessaires à la fabrication des tissus destinés à la confection du linge familial.

La culture du chanvre (*Hanf*) et celle du lin (*Flachs*), les plus répandues, avait été encouragées dès le Xe siècle par Charlemagne qui y voyait une source de prospérité. Longtemps, le lin fut considéré comme le textile « roi » pour le linge (« linge » vient du mot « lin ») de maison et le linge de corps jusqu'à ce que le coton, beaucoup plus facile à travailler, vienne le détrôner.

Le lin est le plus vieux textile du monde, sa culture et son tissage remontent à l'Antiquité, les Egyptiens l'utilisaient couramment dès 6000 avant J.C..

Abécédaire brodé en fils de couleurs dans les écoles, vers 1850.

Il existait autrefois, dans nos villages, tout un ensemble d'activités liées à la fabrication des tissus, grâce auxquelles des artisans paysans pouvaient compléter leurs revenus. Ils préparaient les plantes et les fibres. Ils effectuaient les opérations de blanchiment et de teinture et de tissage.

Pour la teinture, réalisée artisanalement, deux couleurs prédominent, le rouge et le bleu. Ces deux couleurs se retrouvent majoritairement dans la composition du *Kelsch*. Pour le rouge, on utilisait alors la garance (*Reth*), une plante vivace cultivée dès le Moyen Age en Alsace, dont les racines broyées sont utilisées pour produire toute une palette de teintures allant du brun au rouge, et dont fait partie le rouge vif baptisé parfois « rouge du Rhin » que l'on retrouve presque exclusivement sur le linge brodé. Cet usage dominant tient à la maîtrise dans l'art de la teinture à la garance et tout particulièrement à la bonne tenue de la teinte durant les lavages répétés.

C'est la feuille du pastel (*Waid*) qui permettait d'obtenir une large gamme de bleu dont celui dit « de Cologne » en référence à l'importante culture de la plante autour de cette ville. A ce propos, le nom du *Kelsch*, tissu emblématique de notre région, viendrait vraisemblablement du mot *Kelschbloî* qui signifie « bleu de Cologne » en alsacien et qui était la couleur de prédilection de cette étoffe.

Les toiles, notamment celles de lin, étaient tissées artisanalement sur des métiers rustiques de taille réduite adaptée à la dimension des pièces de la maison. De ces métiers sortaient des toiles de quatre-vingts à cent centimètres de large. Pour réaliser un drap de lit, il convenait de coudre ensemble deux laizes pour obtenir une pièce de bonne largeur. Par contre, pour confectionner des essuie-mains de parade, une demi-laize suffisait parfaitement.

Pour la réalisation des décors de broderie, la matière du fil à broder pouvait varier suivant la destination et l'usage futur de l'ouvrage et il n'est pas rare de rencontrer des broderies réalisées en fil de laine, de lin, de coton ou de soie, parfois même avec du fil argenté ou doré.

Les ouvrages traditionnellement brodés à points comptés

Si l'on envisage d'entreprendre un inventaire des objets et pièces de linge traditionnellement brodés au point de croix en Alsace, c'est aux essuie-mains de parade que l'on pense bien avant tout autre chose. Il faut dire que nos musées d'art populaire en conservent de magnifiques exemplaires, que ce sont généralement des œuvres d'importance et qu'à ce titre elles sont régulièrement citées. Mais se serait

Napperon avec bouquet trilobe dans un vase.

injuste que de s'arrêter à ces seules pièces. Bien d'autres éléments font l'objet de savantes décorations brodées au point de croix. Parmi eux, citons les nappes et napperons si patiemment enrichis de décors monochromes, parfois bicolores, dont on retrouve des exemplaires délavés et usés jusqu'à la corde tant il en a été fait usage, ainsi que d'autres, pieusement préservés dans les armoires qu'on les croirait tout juste achevés. Il s'agit par exemple de ces imposantes nappes de lin blanc réservées aux grandes occasions, celles-là même qui arborent à leur périphérie une frise faite de motifs floraux entrelacés ou, pour certaines d'entre elles,

Motif central d'une nappe brodée, 1900.

des liteaux aux motifs géométriques maintes fois répétés.

Présentant des décors similaires bien que de moindre importance, nous découvrons les serviettes à corbeilles (également dites « serviettes de panier »). Autres spécialités locales, ces pièces de linge carrées servaient à protéger le contenu des paniers d'osier dont nos aïeules se servaient pour transporter à la ville les fruits de leur jardin et de leur verger, les produits de leur ferme ou, tout aussi bien, le repas destiné aux travailleurs des champs.

Ces serviettes étaient confectionnées dans du drap de lin blanc, faites d'une seule pièce ou de carrés assemblés par des entre-deux crochetés en coton rouge ou blanc, et étaient de tailles respectables : 80 cm à 120 cm de côté.

En plus des liteaux déjà évoqués, leur décor comportait généralement un cadre rectangulaire fait de motifs géométriques encadrant une date accompagnée d'initiales qui étaient celles de la jeune mariée à qui cette serviette était destinée.

Identifier le linge était avant tout une tâche utile, voire indispensable, mais fréquemment les brodeuses ne se contentaient pas d'un marquage austère. Aussi souvent que possible elles augmentaient la taille des initiales qui devenaient alors des monogrammes, ou bien encore elles accompagnaient les dites initiales de petits motifs décoratifs ou symboliques.

Ainsi trouve-t-on, brodés sur des chemises de femmes, placés sur le cœur ou à la même hauteur mais sur le côté droit, une « ligne » finement brodée comportant des initiales entourées de petits motifs à valeur symbolique tels qu'un cœur, un bouquet trilobe ou encore un épi de blé.

Des broderies semblables sont présentes sur des chemises d'homme, elles sont alors placées en dessous de l'ouverture du col qui est généreusement agrémentée de dentelles ou de fronces.

Il était également d'usage répandu d'apposer des broderies similaires sur la partie visible de l'encolure des chemises de jeunes filles.

Toutes ces broderies étaient réalisées au fil rouge sur des toiles fines et, de ce fait, restaient discrètes en raison de leur petit centimètre à peine de hauteur.

Comme cela a déjà été dit précédemment, le point de croix fut très peu utilisé en Alsace pour la décoration des costumes. Cependant il existe des accessoires portant de ravissants motifs brodés à l'aide de ce point. On peut citer pour exemple les bretelles dont il existe de superbes modèles dans les collections des musées de Strasbourg et de Colmar.

Travaux d'aiguilles réalisés au tricot et au crochet, parfois marqués au point de croix.

Ces bretelles faites de drap blanc doublé de soie ou de canevas de soie sont ornées de décors floraux luxuriants brodés en fil de soie polychrome aux couleurs vives et gaies. Elles comportent à leurs extrémités des attaches de peau blanche montées sur bandes élastiques de même couleur.

Les élégantes aussi pouvaient arborer des accessoires joliment décorés au point de croix. Les bourses en sont un exemple. Ces petits sacs faits de toile ou de canevas pouvaient eux aussi présenter des motifs floraux en laine de couleur. Ces petits brins de couleur venaient égayer les tenues parfois austères des jours de cérémonie.

En poursuivant notre petit inventaire non exhaustif, nous découvrons un autre objet brodé, lui aussi original, du fait de la charmante coutume à laquelle il est rattaché : un usage connu dans la plaine agricole voulait qu'à l'issue du repas qui clôturait le chantier de construction d'une nouvelle demeure, la maîtresse de cette maison offre à chacun des ouvriers bâtisseurs un mouchoir spécialement brodé par elle pour cette occasion. Belle manière de montrer sa gratitude !

Les essuie-mains de parade

Ces essuie-mains dits « de parade » (*Tüerzweel*), appelés également « torchons d'apparat » ou plus prosaïquement « cache-torchons », trouvent dans cette dernière appellation la définition de leur réelle fonction : dissimuler, aux yeux des hôtes, des torchons de service pas toujours bien présentables.

Familiers des *Stub* alsaciennes, ils participent au décor et contribuent à l'ambiance si particulière de ces endroits, caractéristiques de la région. Exposés au regard de tous, ils se doivent d'êtres décoratifs. Comme pour d'autres objets d'usage quotidien, leurs décors, parfois très stylisés et reprenant les thèmes traditionnels de l'art populaire, devaient

Serviettes de corbeilles, coussinet à épingles, brodés au point de croix.

apporter protection et prospérité à leurs propriétaires.

Ces éléments incontournables du trousseau de la jeune mariée étaient offerts à cette dernière par ses demoiselles d'honneur qui brodaient avec soin ces pièces de lin blanc mesurant jusqu'à 180 centimètres de long pour 40 à 50 centimètres de large. La broderie était le plus souvent réalisée au fil rouge et parfois agrémentée de quelques éléments faits de bleu ou de noir. Le décor, personnalisé, comportait souvent des messages symboliques.

Si, s'adaptant aux évolutions de l'habitat et des usages, l'essuie-mains de parade a vu, petit à petit, ses dimensions se réduire et son décor se modifier, traditionnellement, la composition de sa décoration suivait quelques règles générales : frises transversales subdivisant l'essuie-mains en trois à cinq parties comme autant de « tableaux » destinés à contenir les différents thèmes illustrés, sujets stylisés chargés de symboles, broderies réalisées au point compté accompagné parfois de point arrière et de point de tige.

Il est à noter que des essuie-mains brodés se retrouvent en différents endroits d'Europe avec cependant des décors (points et motifs) et des utilisations qui varient suivant les régions.

Constitution des décors

En Alsace, les décors sont pour la plupart composés d'éléments floraux, de quelques personnages et de divers animaux symboliques. Suivant l'adresse et la patience de la brodeuse, la complexité et l'importance des compositions et des motifs pouvaient grandement varier. C'est pourquoi, même si les exemplaires présentés dans les musées sont richement décorés, il existe entre ceux-ci et des torchons vierges de tous décors toute une palette de compositions, de la plus modeste à la plus élaborée.

Essuie-mains de parade en lin fin brodé au point de croix au fil rouge, 1839.

Nous avons rencontré par exemple des cache-torchons simplement ornés de trois ou quatre frises horizontales en entrelacs de coton blanc réparties sur la hauteur de l'ouvrage. Fort discrets, ces décors ton sur ton ne révèlent pleinement leur présence qu'à la faveur d'un éclairage rasant, lorsque les reliefs génèrent des ombres révélatrices.

A contrario, il existe des ouvrages aux décors si denses qu'il parait impossible d'y rajouter quelque motif que ce soit.

Bien au-delà de l'aspect purement décoratif, ces compositions avaient une valeur symbolique, et leur agencement comme leur contenu étaient constitués avec soin par la brodeuse. Il y avait là de véritables « messages », le plus souvent rattachés à la vie, aux étapes de la vie et

aux vœux formulés à l'attention du jeune couple destinataire. Ces décors étaient quasiment toujours organisés selon le même schéma. En tête figurent les initiales, voire les noms et prénoms complets de la future mariée, ainsi que la date des épousailles, le tout entouré et agrémenté de petits motifs puis souligné d'une frise sur toute la largeur du torchon. Viennent ensuite les tableaux, séparés entre eux par des frises horizontales. Chacun d'eux « racontait » une histoire ou constituait un « message », un peu à la manière des rébus de notre enfance, ayant parfois un thème unique pour l'ouvrage entier, comme celui des « saisons de la vie », sans doute le plus répandu. Enfin, le décor se termine par une frise plus importante parfois accompagnée de franges crochetées en fil de coton rouge et blanc.

Concernant le contenu des tableaux précédemment cités, les thèmes qui reviennent le plus souvent sont les étapes de la vie, la protection et la prospérité du couple, l'amour et la sagesse. Il est fréquent que tous ces thèmes soient mêlés. L'illustration de ces thèmes se traduit par l'emploi, pour constituer le décor, de motifs spécifiques.

Ainsi, pour évoquer la prospérité, emploiera-t-on plus fréquemment qu'ailleurs et de manière plus ostentatoire des grenades, de la vigne, etc. Pour « parler » d'amour : des tourtereaux, des couples de personnages encadrant un arbre de vie qui symbolise le mariage. Pour souhaiter une vie heureuse aux différentes étapes de l'existence : des arbres de vie (deux pour symboliser uniquement l'enfance et l'age adulte, trois pour l'enfance, la maturité et la vieillesse et quatre pour l'enfance, la jeunesse, la maturité et la vieillesse).

Ces arbres sont représentés avec une vigueur qui croît et décroît, tableau après tableau, à l'image de celle de l'homme. Le chapitre consacré aux interprétations symboliques de tous ces motifs donne l'essentiel des clefs permettant de « lire » ces décors. Le graphisme de ces motifs varie beaucoup suivant l'ancienneté de la broderie, mais également suivant la dextérité et les connaissances de la brodeuse. Parmi les ouvrages les plus anciens, peu présentent des motifs comportant des courbes et des contours adoucis par des arrondis. L'esthétique des motifs n'est guère élaborée. Il n'apparaît pas de souci de réalisme et la valeur symbolique prime. Il ne faut pas s'y tromper, l'aspect si géométrique qui contribue à leur charme actuel n'était pas recherché mais découlait de la technique même et des contraintes que toute brodeuse connaît encore aujourd'hui lorsqu'il s'agit de juxtaposer des petites croix.

A cette époque les grilles n'existaient quasiment pas dans nos campagnes et c'est principalement par l'exemple et le bouche à oreille que se transmettaient des modèles que les brodeuses modifiaient et faisaient évoluer au gré de leur imagination et des besoins, voire de la place disponible sur l'ouvrage.

Abécédaire en broderie de couleurs au point de croix,
comportant une grande variété de motifs traditionnels,
oiseaux de paradis autour d'une fontaine, pigeons,
cœurs, ostensoir, cerf, cavalier,
Bouxwiller, 1845.

Cache-torchon

POUR DÉCORER le cache-torchon que nous vous présentons, nous avons volontairement choisi des motifs moins stylisés et moins rigides que ceux qui habituellement illustrent ce sujet. Ils sont issus du recueil placé en fin d'ouvrage.

La composition respecte les principales règles qui étaient jadis en usage et notamment la constitution de plusieurs tableaux séparés par des frises, la présence d'arbres de vie, de personnages ou encore de tourtereaux, sans oublier le patronyme de la personne à qui est destiné ce cadeau. Toutefois, cette composition n'est qu'un exemple de ce qu'il est possible d'imaginer à partir des éléments proposés. A chacune ou à chacun d'écrire son « message ».

Page de droite : « Cache torchon d'Odette », (grille page 118).

ODETTE WEISBECKER
26 mars 1903

Petit abécédaire d'Eve

Deux initiales brodées de fil rouge, disposées de part et d'autre d'un entre-deux au crochet de coton blanc scindant une nappe de lin de même couleur, nous ont inspiré ce petit abécédaire naïf.

Notre bisaïeule, Eve Becker, les avait brodées jadis, encadrées d'un bouquet tout simple et d'un épi de blé, telles que nous les avons reproduites aujourd'hui au sommet de notre petit ouvrage.

Charmés et intrigués par ce E et par ce B, et faute de retrouver l'alphabet complet, nous avons voulu imaginer, à partir de ces deux seules lettres que nous connaissions, ce que l'ensemble aurait pu être. Nous y avons inclus le J ainsi que le W même si ceux-ci étaient souvent absents des marquettes de cette époque.

Fille d'un laboureur d'Oberseebach, Eve avait tout juste 25 ans en mai 1880, lorsqu'elle épousa Georg, un jeune homme de son village, éleveur de bovins de son état, habitué des places d'honneurs aux concours agricoles.

La jeune Eve, nouvellement promise, aurait pu, dans l'attente de son mariage tout proche, composer et broder ce tableau en prenant soin d'y inclure les petits motifs qui racontent ce que nous savons tous d'elle maintenant.

Selon la coutume, pour déclarer sa flamme, Georg a sans doute offert à sa « future », en signe d'amour, un beau bretzel, cette spécialité culinaire locale, emblème de nos boulangers, dont la forme, disent certains, est issue de l'entrelacement de deux cœurs... !

« Abécédaire d'Eve »
(grille page 76).

Détail d'un tablier de garçons d'honneur brodé au point de croix, 1880

Au contraire, sur des ouvrages aux motifs plus travaillés, on sent comme une influence, une réminiscence des tapisseries anciennes. Les sujets bénéficient alors de l'art ancestral des tapissiers.

Ce type de motifs moins rustiques sera diffusé plus largement lorsque l'évolution de l'imprimerie aura rendu les modèles accessibles au plus grand nombre par une large diffusion. N'oublions point ici l'influence des colporteurs qui remplissaient un rôle important dans la diffusion de la culture. De leurs parcours et de leurs sources d'approvisionnement (nous sommes à la croisée des chemins des cultures germanique, saxonne et latine) dépendait l'influence culturelle qu'ils apportaient.

Tout comme les marquoirs sont le reflet de la vie, des croyances, des us et coutumes de la société à une époque donnée, les linges brodés dont font partie ces cache-torchons reflètent l'époque à laquelle ils ont été exécutés. Par des sujets plus ou moins symboliques, un graphisme plus ou moins élaboré, par la matière même du support, la régularité du tissage, l'homogénéité des couleurs de fil, par tous ces éléments, l'ouvrage nous dit son âge.

Noce à Mietesheim, vers 1900, les garçons d'honneur portent le tablier.

Noce, vers 1910.

Tabliers

Pour certaines fêtes comme les réjouissances qui accompagnaient les mariages ou comme les *Messti* (fêtes de village), la coutume voulait que soient désignés des garçons d'honneur, véritables maîtres de cérémonie chargés d'organiser et d'animer les festivités. Les garçons d'honneur des mariés (*Schmollbuwe*) avaient la charge d'accomplir la tournée d'invitation à la noce. Ils déclamaient un compliment devant la porte de chacun des invités. Ceux-ci les remerciaient alors en leur offrant un verre de vin. La fin de cette tournée était parfois bien difficile !

Le jour de la noce, avec les demoiselles d'honneur, ils offraient traditionnellement aux jeunes mariés une quenouille et un rouet.

Costume de Geispolsheim.

Modèle d'école de points de croix avec abécédaire et motifs variés, 1890.

Ce jour-là, en plus de leur costume traditionnel, ils arboraient fièrement un tablier blanc, signe distinctif de leurs attributions. Ce tablier, tout orné de dentelles, portait quelques décors brodés de rouge. Ces éléments allaient de la simple marque d'identification à des compositions plus élaborées faites de motifs traditionnels (dont le coq, symbole de vigilance et de hardiesse).

Le port de ce tablier était également l'apanage des garçons d'honneur des fêtes de village (*Messtibursch*) et de leurs lieutenants.

Art populaire Alsacien

K.M

L'ALSACE occupe une place singulière au carrefour de cultures différentes qui s'y trouvent mêlées. De ces influences multiples, elle a su faire une richesse dont son art populaire bénéficie. Les maisons à colombage en sont un parfait exemple : leurs points communs avec les constructions de nos proches voisins allemands et suisses sont nombreux. Sa situation géographique, le climat qui l'accompagne avec ses hivers rigoureux, son agriculture adaptée aux sols et au climat, autant d'éléments qui ont modelé, au fil du temps, l'implantation et la physionomie des villes et des villages, l'organisation et l'architecture de l'habitat, les us et coutumes, l'art populaire et ainsi l'identité alsacienne.

Après une rude journée de labeur, il était important pour chacun de pouvoir retrouver une maison à l'intérieur accueillant et chaleureux. Ceci confère toute son importance à la *Grosstub* et justifie le soin apporté par la maîtresse de maison à rendre ce lieu le plus agréable possible en usant au mieux des moyens dont elle dispose. Ainsi est-il fréquent d'y rencontrer des objets qui, bien qu'usuels, sont ornés de décors traditionnels et concourent de la sorte à l'embellissement des lieux.

Pour qui découvre l'Alsace et ses charmes traditionnels, l'importance et la force de l'identité locale apparaissent très vite, tant il est vrai que l'Alsace est très riche d'un art populaire vivant et reconnaissable entre tous.

Assiette en faïence de Sarreguemines, cruche et égouttoir à cuillères en poterie de Soufflenheim.

Rabot, cadeau de mariage, 1736.

Qu'il s'agisse des bâtiments, du mobilier, du textile ou des costumes, tous les ustensiles, jusqu'aux plus petits, sont marqués du sceau de leur région d'origine. L'une des explications de l'attachement des Alsaciens à leur culture et la vivacité actuelle de celle-ci réside dans l'histoire mouvementée de la région et de son annexion à l'Allemagne en 1870. La défense de la culture locale fut alors un rempart efficace pour préserver l'identité régionale de toutes les volontés de subordination et d'intégration forcées. Et même si des excès furent commis, allant parfois jusqu'à la caricature réductrice, il n'en demeure pas moins que cette culture et donc cette identité alsacienne ont su traverser ces crises.

Ainsi, aujourd'hui, il demeure non seulement nombre d'objets traditionnels anciens, jalousement conservés et entretenus, qui font la richesse des musées d'art populaire de la région, mais de surcroît, les artisans locaux continuent à proposer des productions de qualité.

Les coutumes qui jalonnaient l'existence des habitants de notre région sont nombreuses. Elles marquaient, étape par étape, l'avancée sur le chemin de la vie.

Les fêtes qui les accompagnaient étaient l'occasion de cadeaux particuliers, choisis ou confectionnés spécialement : des objets qui demeuraient, au fil du temps, le souvenir de ces jours singuliers.

Pour une naissance ou un baptême, berceau, coussin brodé, vœux de baptême (*Gœttelbrief*), étaient des cadeaux très appréciés.

Le mariage, événement majeur dans la vie des familles, était l'occasion pour l'entourage, par des cadeaux bien choisis, d'équiper le jeune couple en vue de son accession à l'indépendance. Ainsi, outre le trousseau confectionné par la future mariée, bien des objets, par leurs décors et les inscriptions qu'ils portent, rappellent cette étape de la vie. Le linge brodé ne déroge pas à cette règle. Dès le mariage annoncé, les parentes et amies du couple « tiraient l'aiguille » pour décorer essuie-mains de parade, serviettes de panier (*Korbtuechle*), nappes et autre linge de maison. La dot comprenait également du mobilier et notamment, dans les campagnes, un coffre et une armoire (fabriqués si possible dans des bois provenant d'arbres plantés tout exprès par le grand-père de la mariée), des sacs de dot pour le stockage du blé et de la farine, et des images-souvenirs peintes.

Lors de la construction d'une maison, autre temps fort dans la vie d'un couple, nombre de rites et coutumes ponctuaient le déroulement du chantier et intervenaient dans la constitution même de l'ossature et du décor de la maison (formes de colombages, tuiles décorées, poutres gravées ou sculptées, etc.). C'est cet art populaire ainsi que les coutumes qui le mettent en scène que nous vous proposons de traduire au point de croix dans les exemples proposés tout au long des pages de cet ouvrage.

Coffre en sapin polychrome, losanges et bouquets stylisés, 1825.

Mur à colombage d'Issenhausen, 1823, reconstitué au Musée Alsacien de Strasbourg.

Grammaire symbolique

Pour réaliser les décors qui leur étaient commandés, les artisans d'autrefois associaient fréquemment motifs ornementaux et motifs symboliques. Ces derniers faisaient partie d'une sorte de répertoire universellement reconnu que certains, tel Maurice Ruch dans son ouvrage, *La maison alsacienne à colombages*, n'hésitent pas à qualifier de « grammaire » tant il est vrai que la signification symbolique et les vertus, voire les pouvoirs, qui leurs étaient accordés semblent être partout les mêmes. De fait, ces motifs se retrouvent aussi bien dans la forme des colombages que peints sur les meubles polychromes, décorant les ustensiles domestiques ou gravés sur certaines tuiles des toits et, bien sûr, brodés sur du linge.

Ces décors avaient alors une double raison d'être : enjoliver les objets qui les portaient tout en apportant protection et prospérité à leur propriétaire.

Malgré le déclin, au fil du temps, de leur valeur symbolique au profit de leur seul rôle

Assiette de Sarreguemines.

décoratif, ils sont demeurés omniprésents sous des formes variées. Ils se trouvent très stylisés et épurés, géométriques ou baroques aux couleurs vives, suivant, au fur et à mesure, l'évolution des goûts et des modes.

Connaître les significations et les représentations de ces symboles, c'est posséder les clés permettant de déchiffrer les ouvrages anciens et de créer de nouveaux décors chargés de « messages » très personnels.

Ainsi instruits, nous ne portons plus le même regard sur tous ces objets et il est alors émouvant de découvrir non seulement un objet, mais également une petite partie des personnes dont il fit le quotidien.

Les définitions données dans les lignes qui suivent sont celles que l'on retrouve le plus fréquemment citées.

Le monde végétal

C'est une composante majeure et omniprésente dans les décors de l'art populaire alsacien. Il est très utilisé pour la grande variété des formes et des couleurs des sujets, qu'ils proviennent de la flore locale ou de celle, beaucoup plus luxuriante, de contrées lointaines telles les grenades et les tulipes.

Les sujets se trouvent aussi bien isolés que placés dans des ensembles savamment construits tels que les bouquets de fleurs ou les arbres de vie.

L'arbre de vie

Cet arbre est la figuration symbolique de la vie, c'est le motif universel par excellence, celui que l'on retrouve le plus couramment et dans toutes les formes d'expression. Il symbolise le renouveau, la force et la puissance. S'il comporte, comme c'est souvent le cas, des fleurs exotiques, il symbolise alors la richesse et la prospérité.

On retrouve dans ce motif toute la symbolique de l'arbre : dans sa forme, son apparence, un arbre est le lien entre la terre (source de sa puissance car il y puise sa force) et le ciel (siège de la spiritualité), le passage du matériel au spirituel. Dans sa réalité, il apporte protection (Qui ne s'est jamais abrité de la pluie sous un arbre au feuillage généreux ?) et prospérité grâce à ses fruits nourriciers. Même après sa mort il reste serviable en se transformant en maison, en meuble ou en chaleur.

Panneau de colombage avec arbres de vie et de mort, 1852.

Lorsque le motif conserve un aspect proche des arbres naturels, il peut symboliser alors la sagesse et l'expérience, la connaissance du bien et du mal. S'il est feuillu, il symbolise aussi le cycle de renouvellement, la renaissance car il retrouve chaque année son feuillage, meurt puis renaît.

La tulipe

Par sa forme à la fois gracieuse et généreuse, elle évoque la féminité et la fécondité. Ses pétales élancés de couleur rouge

Motifs d'amour, cœur et tulipes, peints sur un hache-paille, cadeau de mariage, 1842.

mêlée de jaune rappellent la flamme du Christ. Il s'agit alors du symbole de l'amour du Christ. La tulipe est généralement représentée avec trois pétales. Elle symbolise parfois la fidélité.

La rose

Qui s'y frotte s'y pique ! Cette fleur ancestrale aux variétés innombrables possède bien un lien avec la douleur... Dans l'esprit des anciens elle était censée les en préserver !

Symboliquement, la rose est le pendant occidental du lotus oriental : elle est l'épanouissement, la plénitude de l'amour.

Chez les chrétiens elle peut être la coupe qui recueille le sang du Christ autant que la symbolisation de ses plaies.

La rose symbolise la régénération et c'est pour cette raison que les tombes en sont fleuries depuis l'Antiquité.

La grenade

Son origine géographique lointaine lui confère une image de luxe. Ouverte, elle laisse apparaître des graines nombreuses. Ces deux aspects singuliers font de cette fleur le symbole de la prospérité et de la fécondité.

Le blé

Cette céréale a toujours été au centre des préoccupations des paysans de notre continent. De la réussite de sa culture dépendent en grande partie leur existence et par extension celle de leurs concitoyens. Un grenier bien rempli permet d'affronter l'hiver sans crainte et de considérer l'avenir avec sérénité. Représenté en gerbes ou en simples épis, il apporte richesse et prospérité.

Le tournesol

Constamment tournée vers le soleil pour mieux en capter la lumière, sa forme symbolique est présumée restituer cette lumière et amener ainsi la clarté. Il peut être amené à représenter directement le soleil.

Plat de Soufflenheim avec motif de grenades.

Le coq

Souvent présent dans les compositions et les illustrations, cet animal fier, symbole de la vigilance, véritable sentinelle protectrice voire dominatrice, illumine le décor de ses couleurs vives et variées.

Gratté en contours rudimentaires dans le crépi pour protéger la demeure du danger d'incendie ou dessiné sur les vœux de baptême pour rappeler la protection apportée par les parrains et marraines, le coq est choisi pour la force de sa valeur symbolique.

Le modèle proposé est inspiré d'un beau spécimen bien vivant, pensionnaire de notre basse-cour et surnommé Mortimer. Le sujet a été traité en dessin dit « en contour », un peu à la manière de ceux réalisés habituellement au point de tige. Il est décliné en deux tailles afin de s'adapter au support destiné à le recevoir.

Page de droite : Coussin « Coq Mortimer » (grille page 101). Ci-contre : Coussin « Bébé Mortimer » (grilles page 100).

Coq faîtier, plat avec coq et maîtresse de maison, 1880.

Moule à gâteau, Soufflenheim 1890.

La marguerite

Fleur radieuse, elle illumine les champs dès que le soleil distribue généreusement ses rayons bénéfiques. La marguerite est alors le symbole de la force solaire.

La vigne

Les terrains arides ne lui font pas peur car elle sait tirer sa force du plus profond de la terre. Le raisin est le fruit de la terre, et lorsque des grappes lourdes et abondantes garnissent la vigne, celle-ci symbolise parfaitement la fécondité et la richesse.

Le lierre

Cette plante rustique et résistante est synonyme de force et de longévité.

L'œillet

Cette fleur se trouve dans beaucoup de compositions, sous des formes très stylisées qui lui conviennent à ravir.

Le houx

Symbole d'immortalité, le houx reste vert au fil des saisons et porte même ses fruits jusqu'en hiver.

Le laurier

Comme le houx, son feuillage persistant en fait un symbole d'immortalité.

Le monde animal

Le cerf

C'est le roi de nos forêts, il y incarne tout à la fois la puissance par sa force et la sagesse par son rôle régulateur et protecteur dans la vie de la harde. Les chasseurs le considèrent avec le respect accordé aux adversaires de valeur. Représenté avec ses bois majestueux, il symbolise la fierté et la virilité.

Le coq

C'est un habitant incontournable de nos campagnes qui a sa place dans toutes les cours de ferme où il fait régner l'ordre. On le retrouve également au sommet de bien des clochers d'église d'où il veille et nous informe de la direction du vent.

Cruche avec coq, cadeau de mariage, Betschdorf, 1837.

Dessous de plat avec couronne fleurie, Soufflenheim, 1955.

Cet animal au plumage imposant et chatoyant passait pour protéger des incendies et des dangers du feu. Son autre fonction symbolique fait référence à son célèbre chant matinal par lequel il chassait les sorcières et autres démons de la nuit. Sur un souhait de baptême, il symbolise la vigilance des parrains et marraines.

Oiseaux affrontés, détail d'un voeux de baptême, Diemeringen, 1827.

L'écrevisse

Il n'était pas rare de la pêcher alors qu'elle portait sur elle ses si nombreux œufs. Il faut vraisemblablement voir là l'origine de sa valeur symbolique de fécondité et de prospérité.

Le poisson

Signe de ralliement des chrétiens, il symbolise le Christ. Lorsque trois poissons sont entrelacés, leur valeur symbolique évolue vers la Trinité.

Les tourtereaux

Si les oiseaux en général nous disent l'immortalité de l'âme, le couple de tourtereaux est le signe de l'amour conjugal, de la fidélité et de l'amour éternel.

Présent dans certaines parties de la plaine d'Alsace, il est issu des armoiries des Habsbourg, seigneurs de la Haute-Alsace. Il se trouve notamment sculpté sur des dossiers de chaises. Il peut être considéré, à l'instar d'autres motifs attachés à l'époque napoléonienne ou à la République par exemple, comme l'expression d'idéaux politiques.

Les motifs « géométriques »

Le losange

Symbole de fécondité, il représente le sein maternel et apporte protection à tout ce qu'il contient.

La croix de saint André

Ce signe très répandu était censé faire barrage aux forces du mal en leur interdisant le passage. Dans la construction des ossatures en bois des maisons, il remplissait deux fonctions, l'une symbolique que nous venons de voir et l'autre, plus pragmatique, de contreventement de la structure. Lorsque la représentation de cette croix s'inscrit dans un losange, elle en renforce la signification de fécondité (le X formé par la croix s'apparente alors au signe de la multiplication).

La chaise curule

Son nom vient de *curula* qui désigne la chaise des magistrats romains. Ce motif que l'on rencontre dans les colombages signifie que la maison est celle d'un notable.

Cerf, décor d'un pot à crème, Betschdorf, 1843.

Adam et Eve au Paradis, gravure de Joseph Ottinger, Strasbourg, 1780.

Ci-contre : Tuile protectrice avec IHS.

Le huit couché (ou allongé)

Qu'il soit seul ou entrelacé avec d'autres, il s'agit toujours d'un trait sans fin qui représente parfaitement la longévité. Il se trouve sous les aspects les plus variés, accompagnant une initiale savamment calligraphiée ou encore donnant l'origine de sa forme si singulière au célèbre bretzel.

Les motifs religieux

I.H.S.

Ces initiales signifient *Jesus Hominum Salvator* (Jésus Sauveur des Hommes). Par ces inscriptions s'exprime la foi chrétienne très répandue dans nos campagnes, autour de laquelle existaient nombres de rites. Dans ce même domaine, il est également fréquent de trouver dans les illustrations un cœur surmonté d'une croix.

Huit couché, décor d'un panneau de colombage.

Adam et Eve

Ils sont la représentation de l'amour et du mariage.

C.M.B.

Ces initiales de Caspar, Melchior et Balthazar figurent sur certains frontons ou linteaux de portes ou fenêtres. Elles rappellent comme le dit la légende le passage des Rois Mages en Alsace et placent les occupants de la maison sous leur protection. Il est intéressant de constater que ces mêmes initiales peuvent s'interpréter comme étant les abréviations de *Christus Mansionem Benedictat*, une phrase latine par laquelle il est fait appel à la protection du Christ.

Autres motifs

Le soleil

Source de vie, il symbolise la fertilité et promet l'abondance des récoltes. Il est souvent représenté par la marguerite, le tournesol ou l'œillet. La roue solaire (généralement un cercle barré d'une croix) apporte quant à elle la protection divine.

Le Svastika

C'est une représentation particulière du soleil en mouvement et de son évolution à travers les saisons qu'il rythme.

Le cœur

Il est le signe universel de l'amour. Les symboles qui l'accompagnent parfois précisent la nature de cet amour : une croix chrétienne pour l'amour du Christ, Adam et Eve pour l'amour conjugal, etc.

Deux cœurs entrelacés (tels que ceux sculptés sur les dossiers de chaises) forment le chiffre huit, symbole de la longévité.

Les couleurs

Elles aussi ont une forte valeur symbolique, même si leur interprétation peut grandement varier suivant le contexte où elles se trouvent. Ainsi, elles peuvent symboliser les éléments : le rouge et l'orange pour le feu, le jaune ou le blanc pour l'air, le vert pour l'eau, le noir ou le brun pour la terre et le bleu pour l'espace.

Dans l'imagerie populaire, les couleurs expriment davantage des sentiments ou des vertus, comme le rouge pour l'amour et la passion, le bleu pour la fidélité et la persévérance et le vert pour l'espérance.

Les nombres

Les nombres portent également en eux une dimension symbolique. Ils ont leur importance dans la valeur des motifs tels que les triangles et losanges, les bouquets, les étoiles, etc.

Trois

C'est la Trinité chrétienne (le Père, le Fils et le Saint-Esprit) mais c'est aussi le nombre du ciel (le nombre deux étant celui de la terre).

Tout autant, il représente les phases de l'existence : l'apparition, l'évolution et la destruction (la naissance, la croissance et la mort).

Quatre

Les rapprochements aux éléments naturels sont ici particulièrement nombreux : les quatre points cardinaux, les quatre phases de la lune, les quatre saisons, les quatre éléments (l'eau, l'air, la terre et le feu), les quatre « saisons de la vie », l'enfance, la jeunesse, la maturité et la vieillesse.

Cinq

C'est le symbole de l'homme au sens de l'être humain, de ses cinq extrémités (la tête, les mains et les pieds) et de ses cinq sens. C'est également la somme de l'homme, le mâle (son chiffre étant le trois), et de la femme, la femelle (dont le chiffre est le deux).

Mais il peut être également la somme du ciel (3) et de la terre (2), soit une entité qui pourrait être notre planète.

Une autre interprétation parle de positionnement dans le monde en rapprochant un point central et les quatre points cardinaux.

Poteau d'angle avec IHS, cœur et svastika, Geispolsheim, 1816.

Sept

Les liens du sept avec notre environnement sont nombreux : les sept jours de la semaine, les sept couleurs de l'arc-en-ciel ou encore les sept planètes (Soleil, Lune, Mercure, Venus, Mars, Jupiter, Saturne). Sept jours, c'est aussi la durée d'une période lunaire, sachant qu'un cycle complet compte quatre périodes, le nombre sept est l'annonce d'un changement après un cycle accompli.

Pierre chauffe-lit, avec cœurs ajourés, cadeau de mariage, 1949.

L'imagerie populaire

Bien avant l'ère de la photographie et de l'imprimerie banalisées, le besoin de conserver une trace des événements qui jalonnaient la vie de nos ancêtres avait amené ceux-ci à faire appel au plus adroit d'entre eux pour réaliser des images dignes d'être

Les cœurs

OMNIPRÉSENT dans l'art populaire d'Alsace, le cœur, symbole universel de l'amour, se présente sous des formes et sur des supports extrêmement variés.

Sur les *Gœttelbriefe* il sert de cadre aux vœux exprimés par les parrains et marraines, sur les meubles polychromes il rappelle que l'amour est le lien fondateur de la famille, et lorsqu'il prend la forme d'un moule à gâteaux, il se charge de communiquer le message de la maîtresse de maison à ses hôtes. Brodé sur du linge, en croix minuscules sur une chemise par exemple, il rappelle que la brodeuse l'a déposé là par amour. Les cœurs que nous vous proposons sont, quant à eux, plus imposants par leur taille, ceci afin de mettre en valeur les arabesques qui les composent. Ces arabesques que l'on trouve sur des meubles peints, décorés au pochoir, sont ceux-là même dont nous nous sommes inspirés.

Page de droite : Coussin « Cœur de lys » (grille page 93). Ci-contre : Marque page (grille page 95).

Cœur et bouquet, détail d'un Gœttelbrief, 1849

Onze cœurs pour n'en former plus qu'un de plus grande taille, c'est le « Cœur cœurs », celui que nous vous proposons.

La tulipe placée au centre de chacun d'eux est symbole de fidélité dans l'amour, et ce ne sont pas les accroche-cœurs dont il est hérissé qui diront le contraire.

Page de droite : Coussin « Cœur à cœurs » (grille page 90). Ci-contre : « Cœur Laurence ».

Encrier en forme de cœur, coffret de courtoisie, cruche.

Les pochoirs

Armoire avec décor au pochoir, 1724.

Page de droite : Coussin « Arbre de vie pochoir » (grille page 115).

PARMI les techniques utilisées pour décorer les meubles figure celle du pochoir. Découpé dans du parchemin dans les temps les plus anciens, puis dans du carton ou de la tôle fine, il pouvait être utilisé autant de fois que nécessaire. Répéter maintes fois le même sujet en le juxtaposant sur le même support permettait de constituer des décors de plus grande envergure. Ces pochoirs servaient aussi bien pour le travail sur des armoires ou des coffres que sur des sacs de dot ou des volets.

Les motifs exécutés au pochoir présentent des signes particuliers liés aux contraintes de réalisation et de solidité de cet ustensile. Ainsi le mode de découpe et la rigidité relative du carton ou de la tôle obligent à une simplification des formes. De même la nécessité de conserver une bonne cohésion au pochoir oblige à morceler la découpe (une tige de fleur sera ainsi « coupée » en plusieurs tronçons). Ces motifs sont monochromes, le plus souvent de couleur noire, la plus facile à obtenir.

L'arbre de vie qui orne le coussin que nous proposons simule un décor obtenu par la technique du pochoir.

Les *Gœttelbriefe*

APRÈS le mariage, acte fondateur de la nouvelle cellule familiale, la naissance des héritiers fait partie des événements principaux qui jalonnent la vie. Il n'est pas étonnant alors que nombre de coutumes s'y rattachent.

Parmi celles-ci il en existe une, remontant au XVIe siècle et caractéristique de notre région (bien que partagée sur certains aspects avec nos voisins allemands et suisses), qui dura jusqu'au début du XXe siècle. Il s'agit, pour le parrain et la marraine, d'offrir à leur(e) filleul(e) un gage de leur engagement : le « denier de baptême » (*Gœttelpfennig*), qui est une pièce de monnaie, parfois une médaille, enveloppé dans un document richement décoré et savamment plié connu généralement sous le nom de *Gœttelbriefe* (ce qui signifie littéralement « lettre de la marraine », issu de *Gœttel*, la marraine, et de *Briefe*, la lettre). Ces écrits, d'origine protestante pour leur majorité, servaient à l'expression des vœux des parrains et marraines, et étaient pieusement conservés comme souvenirs de la cérémonie. Rarement affichés, ils étaient mis à l'abri dans la bible familiale ou rangés parmi les archives de la famille. Le texte des vœux était généralement accompagné de textes bibliques choisis pour la circonstance.

Il n'est pas rare de rencontrer au travers des ouvrages traitant de cette coutume d'autres appellations pour ces mêmes images populaires. Nous citerons parmi les plus courantes, outre *Gœttelbrief*, les appellations *Taufbrief* (lettre de baptême), *Taufwunsch* (souhait de baptême) ou encore *Taufandenken* (souvenir de baptême).

L'importance de cette coutume sera bien comprise lorsque l'on saura que le *Gœttelpfennig*, appelé aussi *Gœttelgeld* (la monnaie de baptême) restait, quoi qu'il arrive et même en cas de partage forcé, propriété inaliénable du filleul. Ces chefs-d'œuvre représentent une composante importante de ce qu'il est communément

Souhaits de baptême.

« Gœttelbrief cœur au coq »
(grille page 84).

convenu d'appeler l'imagerie populaire locale. A ce titre, ils ont d'ailleurs une place de choix au sein des collections présentées dans le musée de Pfaffenhoffen consacré à ce sujet.

Les illustrations varient d'une période à l'autre suivant les techniques utilisées et leur évolution, mais également d'un endroit à l'autre suivant les « spécialités » des artistes locaux.

L'une des transcriptions proposées (Baptême d'Antoine) s'inspire de modèles à la forme particulière, issus du mode de pliage employé pour contenir la pièce ou la médaille. Le décor s'organise ainsi autour d'un octogone et comporte, pêle-mêle, des roues solaires, des roses et des cœurs de tailles différentes. Le texte choisi est sobre, à l'image des couleurs utilisées.

Autre modèle (Baptême de Benjamin), autre démarche. Ici les couleurs sont vives. A l'image des œuvres originales dont il s'inspire, ce souvenir de baptême laisse une place plus importante au texte. Son décor reprend le cœur, symbole d'amour, contenant le souhait « écrit » par les parrains et marraines. Un bouquet trilobe fait référence à la Sainte Trinité tandis que deux coqs, symboles de vigilance et de protection, montent la garde de part et d'autre.

Sans attendre le baptême, des vœux de bienvenue peuvent être exprimés. Ils correspondent aux us actuels qui, souvent, laissent s'écouler beaucoup plus de temps que jadis entre la naissance et le baptême.

Sur le modèle proposé (Bienvenue Mathilde) figurent en grand un huit multiple entrelacé comme vœu de longévité et, de taille plus modeste, un coq qui apporte sa vigilance et rappelle la protection que les adultes souhaitent offrir au nouveau-né. Ces deux symboles encadrent le prénom et la date de naissance.

Souhaits de baptême.

« Gœttelbrief dentelle » (grille page 80).

« Souvenir de naissance » (grille page 83).

Souvenirs de mariage

Outre tous les cadeaux déjà cités, destinés à compléter l'équipement du jeune ménage et à agrémenter son installation, il était également d'usage d'offrir aux jeunes mariés un « souvenir de mariage ». Il s'agissait en fait d'un tableau sur papier, richement décoré, que l'on commandait à l'artisan imagier. S'y trouvaient le plus souvent, outre le nom des époux et la date du mariage, un extrait de texte biblique et un décor floral. Cet usage est tombé en désuétude lorsque la photographie a pris la place du dessin.

Aujourd'hui l'engouement pour la broderie participe au renouveau de cette charmante coutume. Le point de croix permet d'imaginer et de réaliser des décors personnalisés dignes des plus grands imagiers de jadis mais demeurant à la portée de tous.

Le tableau que nous vous proposons est directement inspiré des souvenirs de mariage que l'on peut trouver dans les collections des musées locaux et de celui de Pfaffenhoffen tout particulièrement. Ici le texte reste très sobre, seuls apparaissent les prénoms des jeunes mariés ainsi que la date de leur union. Le décor floral est très proche de ceux que réalisaient les imagiers d'autrefois.

Les autres souvenirs proposés ont été imaginés à partir de plusieurs coutumes liées directement au mariage. L'une d'entre elles voulait, dans les campagnes alsaciennes, que soit inclu dans la dot de la mariée un lot de sacs en toile de lin ou de chanvre destinés au stockage du blé ou de la farine du couple. Ces sacs étaient décorés par des artisans à l'aide de pochoirs et marqués au nom de la jeune fille, future maîtresse de maison Dans un souci d'ordre, il arrivait que ces sacs soient numérotés individuellement pour un meilleur suivi.

Les décors reprenaient généralement des thèmes symboliques porte-bonheur pour la nouvelle famille (cœurs, tourtereaux, arbre de vie, etc.). Protection supplémentaire, un cadre formé d'arabesques et d'une couronne d'olivier ou de feuilles de chêne venait entourer l'ensemble.

Sac de dot, 1857.

Page de droite : «Mariage sac de dot » (grille page 87). Ci-contre : «Mariage cadre fleuri» (grille page 86).

24 juin 2000
Nadine Désiré

Le modèle proposé reprend le principe et l'organisation de ces décors. Il comprend un arbre de vie porté par un cœur qui s'interprète ici comme la croissance et la prospérité issues de l'amour et portées par lui. La couronne d'olivier apporte protection au nouveau couple.

La construction d'une nouvelle maison représentait un événement d'importance dans la vie d'une famille. Il n'y avait pas alors construction d'une maison par génération. Bâtir une nouvelle demeure était un acte fondateur et la coutume voulait, dès le XVIe siècle, pour apporter bonheur et protection au lieu et à ses habitants, que la plus visible des poutres angulaires, pièces maîtresses des maisons à colombages, soit ornée de décors symboliques. Le couple qui s'établissait demandait alors aux artisans bâtisseurs de la demeure de graver des décors personnalisés, en rapport avec les croyances et convictions des futurs occupants. Y figuraient généralement, en plus des motifs symboliques choisis par les propriétaires, leurs patronymes ainsi que la date de la construction.

Page de droite : « Mariage grand arbre de vie » (grille page 88).

Nous nous sommes inspirés de ces décors pour imaginer des « souvenirs de mariage » inscrits dans cette tradition.

Le cartouche, vertical pour rappeler la forme de la poutre dont il provient, entoure un arbre de vie à sept branches porté par un cœur qui possède la même valeur symbolique que précédemment. Le double huit entrelacé couché rappelle à chacun les vœux de longévité formulés pour l'amour qui unit les jeunes gens ainsi que pour toute la demeure

STEIN
14 VII 2000

Les supports les plus divers étaient utilisés pour porter des décors symboliques censés apporter protection à la maison et à ses occupants. Ainsi existait-il une coutume qui consistait à placer une tuile protectrice (*Schutzziegel*) tout en haut et à droite du toit, sur le pignon côté rue. Cette tuile devait placer la maison sous la protection divine et repousser les forces du mal. Le décor comprenait la date de la construction et, par les motifs choisis, précisait à quelle protection il était fait appel (chrétienne ou païenne). Ces tuiles ne doivent pas être confondues avec les tuiles décorées (initiales, dates, phrases satiriques, etc.) dites « de fin de journée » : les tuiliers décoraient chaque jour la dernière tuile qu'ils avaient fabriquée pour exprimer la satisfaction de voir la journée de labeur s'achever. N'y a-t-il pas là matière à détournement et source d'inspiration ?

Un autre endroit de la maison qui supportait fréquemment, surtout dans le nord de la région, des décors symboliques : le mur, ou plus précisément les panneaux de crépis qui recouvraient le torchis placé entre les poutres apparentes du colombage. Ces décors étaient « gravés » dans le crépis encore frais. On les appelle « décors grattés » ou *Kratzputz*. Les deux tableaux « souvenirs de mariage » proposés ici sont inspirés de ces panneaux décorés. On trouve, à l'intérieur d'un cartouche, outre les initiales (ou les prénoms) des jeunes mariés et la date de leur union, des symboles de protection et de vœux formulés à leur intention. Il y a là le double huit entrelacé couché pour souhaiter la longévité, les grenades pour la prospérité, l'arbre de vie pour l'épanouissement de la famille, le cœur englobant des tulipes pour l'amour du Christ et l'amour au sein du couple. Sans oublier les tourtereaux !

Souvenirs de mariage : Ci-contre : « Mariage couronne de fleurs» (grille page 89). Page de droite : «Un cœur pour deux » (grille page 91), «La vie à deux » (grille page 82).

Edith Antoine
23 VI 2001

E R
2 VI 2001

Gœttelbrief, cœur de Cleebourg 1842.

conservées et même exposées dans chaque maison. Ainsi furent réalisés de réels petits chefs-d'œuvre, d'abord peints à la main et plus tard imprimés et coloriés. Ils étaient commandés et réalisés pour les grandes étapes de la vie et les rites de passages que sont le baptême, la communion ou la confirmation, la conscription et le service militaire (avec le fameux tirage au sort et son numéro), le mariage et, dans certains endroits, ils étaient même fabriqués en souvenir des défunts.

L'Alsace
illustrée au
Point de croix

La coiffe alsacienne

Tout d'abord de taille modeste, le nœud de la coiffe alsacienne a vu ses proportions croître tout au long du XIXe siècle pour atteindre les dimensions que nous lui connaissons aujourd'hui dans sa représentation classique et emblématique.

Il est important de se souvenir cependant que cette forme de coiffe n'était d'usage, originellement, que dans une partie limitée de la région se situant aux alentours de Strasbourg et jusqu'à Haguenau. Partout ailleurs d'autres couleurs et surtout d'autres formes existaient.

Il n'est pas rare de voir des nœuds multicolores, faits d'étoffe écossaise ou agrémentés de décors brodés, quand ils n'étaient pas simplement de couleur rouge, suivant les influences religieuses et les coutumes villageoises.

D'autres formes existaient également, très différentes, mais toutes ou presque comprenaient un nœud.

Pour illustrer ce qui précède, nous vous proposons un modèle qui rassemble quelques coiffes dans un pêle-mêle aux teintes sépia. D'autres formes sont proposées en fin d'ouvrage.

Page de gauche : « Pêle mêle des coiffes » (grille page 112).

Le bretzel

Le bretzel (ou « la » bretzel, suivant les auteurs) est la spécialité boulangère typique de notre région. Sa forme originale et symbolique concourt largement à sa célébrité. Cette forme si singulière intrigue ceux qui la découvrent et suscite des interrogations quant à ses origines et sa signification éventuelle.

Page de droite : « Enseigne du boulanger » (grille page 111).

Détail d'un calendrier de 1895.

Plusieurs interprétations en ont été faites sans qu'il soit possible de trancher catégoriquement. Cependant, cette forme est le plus souvent interprétée comme étant celle d'un huit couché, symbole de longévité, celle d'un cercle solaire barré d'une croix, mélange de symbolique païenne et chrétienne ou encore comme étant celle de deux cœurs entrelacés, symbole populaire s'il en est.

Ses origines remonteraient, dit-on, au Moyen Age : sa présence a été relevée sur une illustration du XIIe siècle où il figure en bonne place sur la table royale.

Sa fabrication et donc sa commercialisation étaient contingentées et très encadrées. Ainsi, à cette époque, les boulangers n'étaient autorisés à le confectionner que trois jours par semaine.

C'est au XVe siècle, lors de la scission de la corporation des boulangers-pâtissiers en deux corps distincts, que seuls les boulangers obtinrent le privilège et le monopole de la production des bretzels. Ils choisirent alors cette spécialité comme emblème de leur corporation. On en trouve ainsi gravés sur le fronton en grès de portes anciennes et sur les colombages, ou encore peints sur des meubles polychromes. Il est également omniprésent sur les outils du boulanger.

Le bretzel était et reste très présent dans l'environnement alsacien et, même s'il est consommé tout au long de l'année, il est des périodes où il revêt un caractère plus symbolique. C'est notamment le cas à Noël quand il participe au décor du sapin traditionnel ou lorsqu'un amoureux l'offre à sa dulcinée.

J.Ph. Schmidt

Les colombages

COMME dans bien d'autres régions, l'habitat alsacien traditionnel était adapté aux contraintes du climat local. Cette adaptation s'est traduite, notamment pour les constructions des plaines agricoles, par des traits de caractère marqués qui rendent les maisons facilement identifiables au point d'en devenir emblématiques. Ces maisons à ossature de bois sont l'aboutissement d'une lente évolution d'un principe de construction initié par les bâtisseurs des huttes de l'époque néolithique. Depuis l'origine les matériaux de base sont demeurés les mêmes : le bois et le torchis.

Des matériaux de construction (généralement fournis par le futur propriétaire lui-même) à la manière de les disposer par le charpentier maître d'œuvre, en passant par la répartition des pièces (quasiment la même depuis le Moyen Age), tous ces aspects relèvent de la spécificité locale.

Pour qui a le souci de ne point s'arrêter à la seule image pittoresque, une observation plus détaillée des éléments des colombages permettra de reconnaître des motifs symboliques, ceux-là même précédemment cités que nous retrouvons si souvent à travers l'art populaire (losange, roue solaire, etc.).

Les allèges de fenêtres par exemple sont fréquemment décorées et les colombages prennent alors les formes les plus diverses pour allier le pratique (la contribution à la solidité de l'ouvrage), le décoratif ainsi que l'ésotérique et le magique (symboles protecteurs de la maison et de ses occupants). Il n'est pas rare de rencontrer des roues solaires, des losanges, des croix de saint André, etc. Il s'agit d'une spécificité de la région, peu d'autres endroits où on trouve des maisons à pans de bois présentent cette caractéristique d'inclure des symboles dans l'ossature elle-même.

Dans la plaine alsacienne, l'habitat est toujours séparé des bâtiments agricoles. L'ensemble est généralement organisé autour d'une cour plus ou moins fermée suivant la contrée.

Le modèle proposé représente une ferme à colombages à deux niveaux d'habitation. La grange, qui abrite également le bétail, est disposée en forme de L.

On observe sur ces bâtiments des détails typiques tels que la mitre sur la cheminée ou les chiens assis sur le toit de la grange. Le soubassement est en grès rose, la charpente en sapin patiné par le temps. C'est une construction de la plaine.

« Ferme à colombage »
(grille page 102).

L'intérieur alsacien

L'INTÉRIEUR alsacien est à l'image de ses habitants : rude mais chaleureux. Sa disposition est presque toujours la même, notamment dans la *Stub* avec son alcôve et son poêle (*Kacheloffe*).

Le mobilier qui équipait les maisons paysannes de la plaine alsacienne présentait lui aussi des particularités et des éléments propres à la région.

Le plus ancien des meubles de rangement, le coffre, était la composante de base de l'équipement des ménages modestes. Bien souvent polychrome, il cachait la simplicité des essences de bois dont il était fait sous de superbes décors complexes et savamment organisés autour des motifs symboliques traditionnels.

Il pouvait se transmettre d'une génération à l'autre. Dans ce cas, on prenait soin de le repeindre et de le redécorer (les spécialistes citent des meubles ayant eu deux voire trois décors successifs).

A la fin du XVIe siècle apparaissent les *Olmer*, sortes de coffres dressés à la verticale, premières formes d'armoires, qui abritaient le linge et servaient également de garde-manger.

Ils seront rejoints plus tard par les bonnetières, les buffets d'angles et autres vaisseliers.

Autre élément important et caractéristique du mobilier alsacien : la chaise à pieds divergents. Celle-ci présente un grand intérêt car si ses dimensions d'ensemble changent peu d'un modèle à l'autre, d'un artisan à l'autre la forme et le décor du dossier sont très variés et riches d'inspirations diverses : cœurs entrelacés, serpents, aigle bicéphale ou huit couché, tout ceci interprété sous des formes parfois très stylisées.

Il semble exister autant de décors différents que d'artisans qui autrefois réalisaient ces meubles. Petit détail pratique, le cœur découpé, si souvent présent dans le décor de ces dossiers de chaises, était là pour en faciliter la saisie.

Pour illustrer cette variété de décors, nous vous proposons une « ronde des chaises » autour d'un coffre polychrome.

Page de droite : « Ronde des chaises » (grille page 114). Ci-dessous : Coffre polychrome, Hurtigheim, 1819.

Les villages

IL N'EXISTE guère d'habitat dispersé en Alsace. Bien au contraire, les maisons ont toujours été regroupées, accolées les unes aux autres dans des villages à forte densité de construction, pour mieux se défendre et affronter les événements pénibles qui jalonnèrent l'histoire mouvementée de la contrée. Les villages du vignoble, blottis entre les collines sous-vosgiennes, étaient souvent fortifiés.

Si dans les vallées et les collines déjà citées, les maisons sont faites de pierres issues de la montagne, dans la plaine elles sont faites de bois et de torchis. Les bâtisseurs adaptaient leurs techniques et leur savoir-faire aux matériaux disponibles à proximité du chantier. Autre adaptation aux matériaux utilisés : le rôle de maître d'œuvre était tenu par le charpentier pour les maisons où le bois dominait, et par le maçon dans les cas contraires.

Pour vous, nous ouvrons la porte de la place d'un village imaginaire. Au jeu des ressemblances, certains découvriront peut-être des similitudes avec quelques bourgs de la décapole. Mais l'essentiel est ailleurs, dans la proximité des maisons, dans leur style, dans l'ambiance du village. Nous sommes dans le vignoble.

« Place du village»
(grille page 106).

La vigne et le vignoble

Entre l'Alsace et la vigne, c'est une longue histoire commune. Les caves historiques des Hospices Civils de Strasbourg ne contiennent-elles pas en leur sein le plus vieux vin du monde ?

Aussi, l'Alsace ne serait pas vraiment l'Alsace si son vignoble n'existait pas car beaucoup d'activités, de coutumes, d'arts populaires tournent autour de la vigne, de sa culture et du vin qui en est issu.

Le vignoble alsacien occupe une bonne partie des collines sous-vosgiennes. Les villages qui y sont installés diffèrent quelque peu de ceux de la plaine. Les besoins ne sont pas les mêmes, les espaces disponibles non plus. L'habitat y est plus riche et plus compact. La place dévolue à la cave destinée au stockage et à l'élevage des vins est prépondérante. Les barriques doivent y être à l'abri, protégées. N'y accède pas qui veut !

Page de droite : « Robinets à vin » (grille page 105). Ci-contre : « Secrets de cave » (grille page 107).

Le modèle proposé nous laisse à l'extérieur, une partie seulement des barriques et des futailles se laisse apercevoir. Combien y en a-t-il vraiment, et quelle taille ? Tout ceci reste mystère...

A noter : sur la clef de voûte de l'arche d'entrée figure l'emblème du vigneron avec ses outils d'antan qui sont la serpe et la curette ainsi qu'une grappe de raisin.

Pour effectuer divers travaux de cave, les transvasements notamment, le vigneron devait disposer d'un instrument particulier : le robinet à vin (*Fasshahn*) ou robinet de perce, robinet que l'on enfonçait dans l'orifice de vidange des tonneaux pour pouvoir les vider de manière parfaitement contrôlée.

Ceux qui nous intéressent sont en bronze et étaient déjà connus à l'époque romaine. Ils se composent de deux parties, le boisseau et la clef. La partie conique du boisseau s'appelle le cône de perce et se trouve enfoncée dans le tonneau pour mettre celui-ci « en perce ».

Les robinets à vin alsaciens en bronze se distinguent de leurs homologues des autres vignobles par la sobriété de leurs décors. Seule la poignée de la clef revêt des formes particulières et décoratives qui varient suivant les époques. On trouve parmi celles-ci la couronne impériale ou royale, le cœur ou encore la queue de poisson.

Pour mettre à l'honneur ce fidèle compagnon du vigneron, nous vous proposons une réalisation au point de croix qui regroupe les poignées les plus courantes.

Robinets
à
vin
en bronze
Cœur
Barrique
Clé
Couronne Impériale
Queue de poisson
Boisseau
Clef
1934

Les enseignes

BIEN avant la numérotation des maisons, à l'époque où peu de personnes savaient lire, l'enseigne avait un rôle essentiel comme point de repère.

Repère d'orientation pour qui ne connaissait pas la ville ou le village, repère d'identification pour qui cherchait un artisan ou un commerçant en particulier.

Nous vous proposons le modèle d'une enseigne de Winstub imaginaire : « A l'écrevisse », qui aurait très bien pu orner la façade de l'un de ces établissements réputés pour leur convivialité. L'écrevisse se pêchait couramment dans nos rivières et nos autres petits cours d'eau.

On la retrouve dans l'art populaire, représentée stylisée, notamment sous forme de moule à gâteaux en terre vernissée ou en cuivre repoussé. Elle est le symbole de la fécondité et de la prospérité et parfois de l'abondance.

Et c'est bien cela que l'on attend en franchissant le seuil d'une Winstub : l'abondance de mets et de convives avec qui partager quelques instants de convivialité.

« Enseigne à l'écrevisse »
(grille page 111).

(grille page 111)

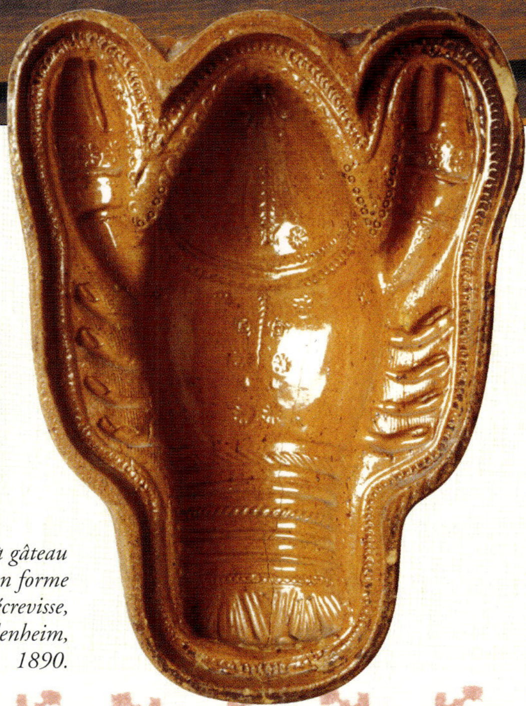

Moule à gâteau en forme d'écrevisse, Soufflenheim, 1890.

Noël et saint Nicolas

BIEN avant le gros bonhomme joufflu, tout de rouge vêtu, importé des États-Unis au siècle dernier, un personnage de légende, fortement ancré dans la culture locale, faisait déjà le bonheur des petits enfants sages de notre région. C'est saint Nicolas (Nikolaus), patron des écoliers.

Évêque né en Turquie vers 270, connu pour sa générosité légendaire, Nicolas fut persécuté par les Romains et disparut un 6 décembre vers 330.

Dès le Moyen Age, il est fêté en Alsace-Lorraine. Durant la nuit du 5 au 6 décembre, une grande distribution de friandises récompense les enfants sages. Après la réforme protestante du XVIe siècle, l'Alsace et la Lorraine demeurent les seules régions françaises à fêter la Saint-Nicolas.

Le 24 décembre, c'est une autre visite et une autre distribution de friandises qu'attendent les enfants sages : cette fois-ci c'est

au tour de *Christkindel* (l'Enfant-Christ) de récompenser les petits alsaciens. Ce n'est que récemment que le Père Noël a supplanté le saint Évêque et le *Christkindel* pour finir par envahir les fêtes de Noël. Une veillée de Noël ne se conçoit pas en Alsace sans la présence dans la *Stub* d'un sapin décoré. Il faut savoir en effet que c'est ici que naquit au XVIe siècle cette tradition qui ne s'est depuis jamais éteinte.

Pour restituer à saint Nicolas un peu de la place qu'il a perdue, nous vous proposons de décorer un sapin de Noël (*Tanneboïm*) avec des petits sujets à son effigie, ou bien encore de confectionner des cartes de Noël ou de vœux illustrées. Le recueil de motifs en fin d'ouvrage contient un ensemble de petits modèles pour ce faire.

« Cœur ruban de Noël» (grille page 92).

A titre d'exemple, voici un cœur de Noël composé à partir de ces sujets. Ce cœur nous parle de Noël à Strasbourg, il y associe saint Nicolas dont nous venons de parler et fait un petit clin d'œil aux brodeuses. Nul doute qu'il contribuera à « créer l'ambiance » lors d'un prochain Noël…

Joyeux

K.M

Recueil de Motifs

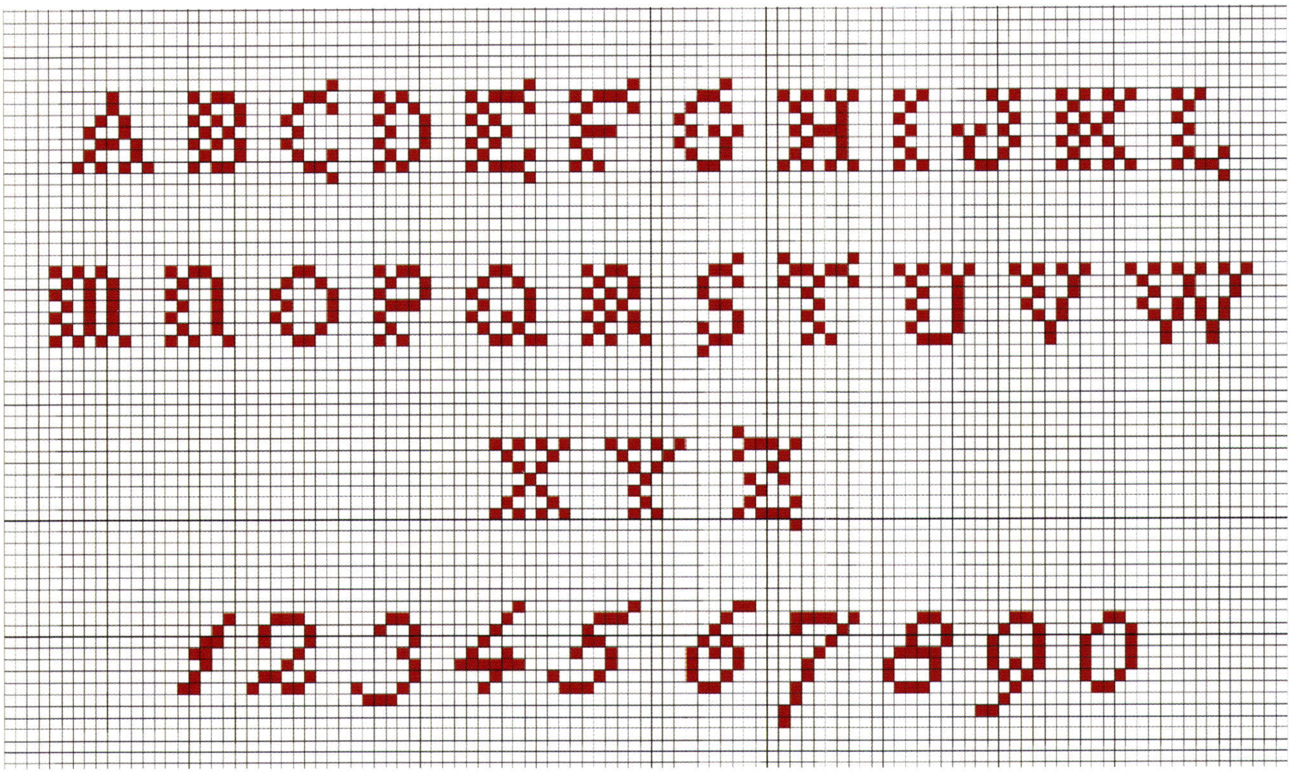

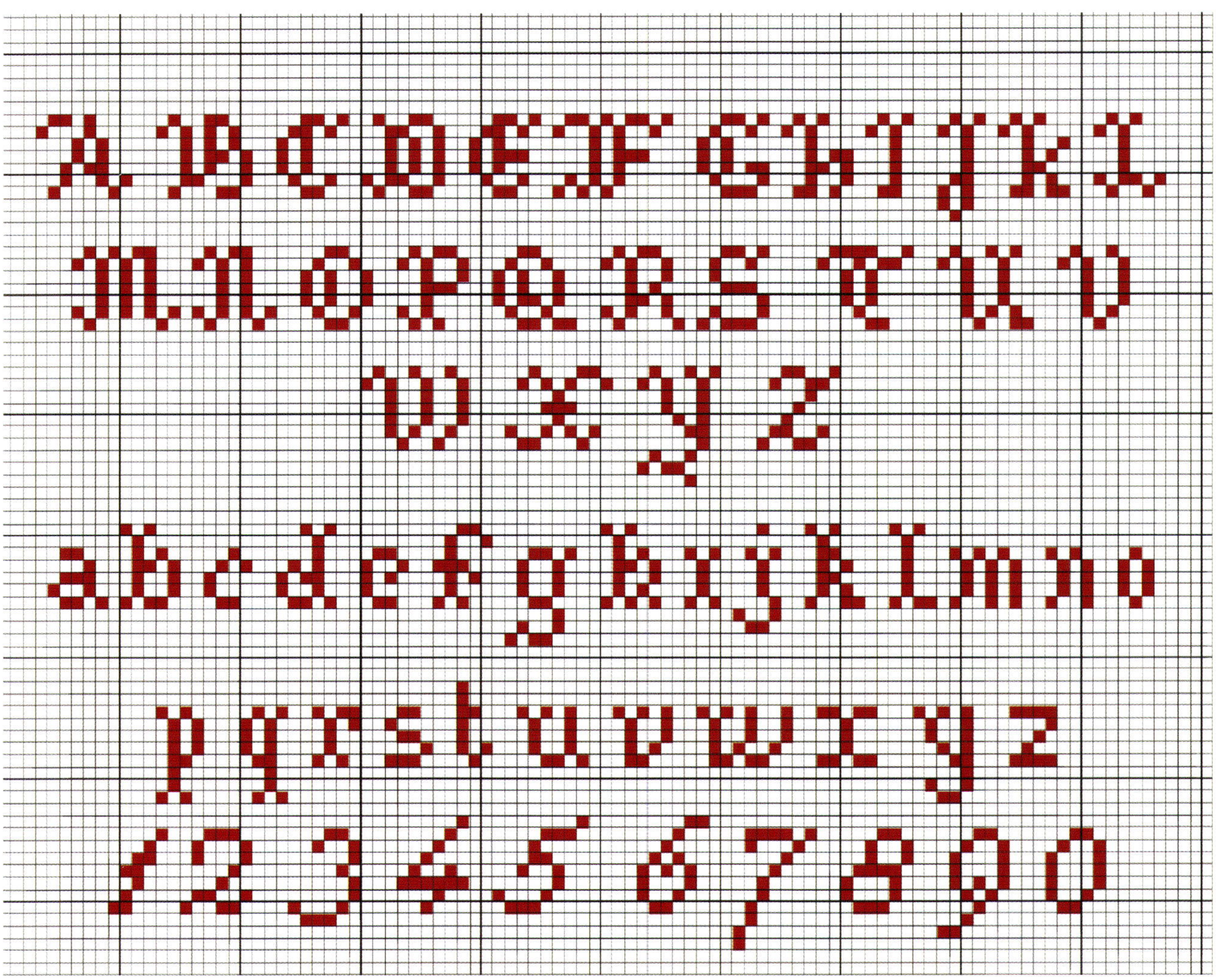

raccord

raccord

raccord

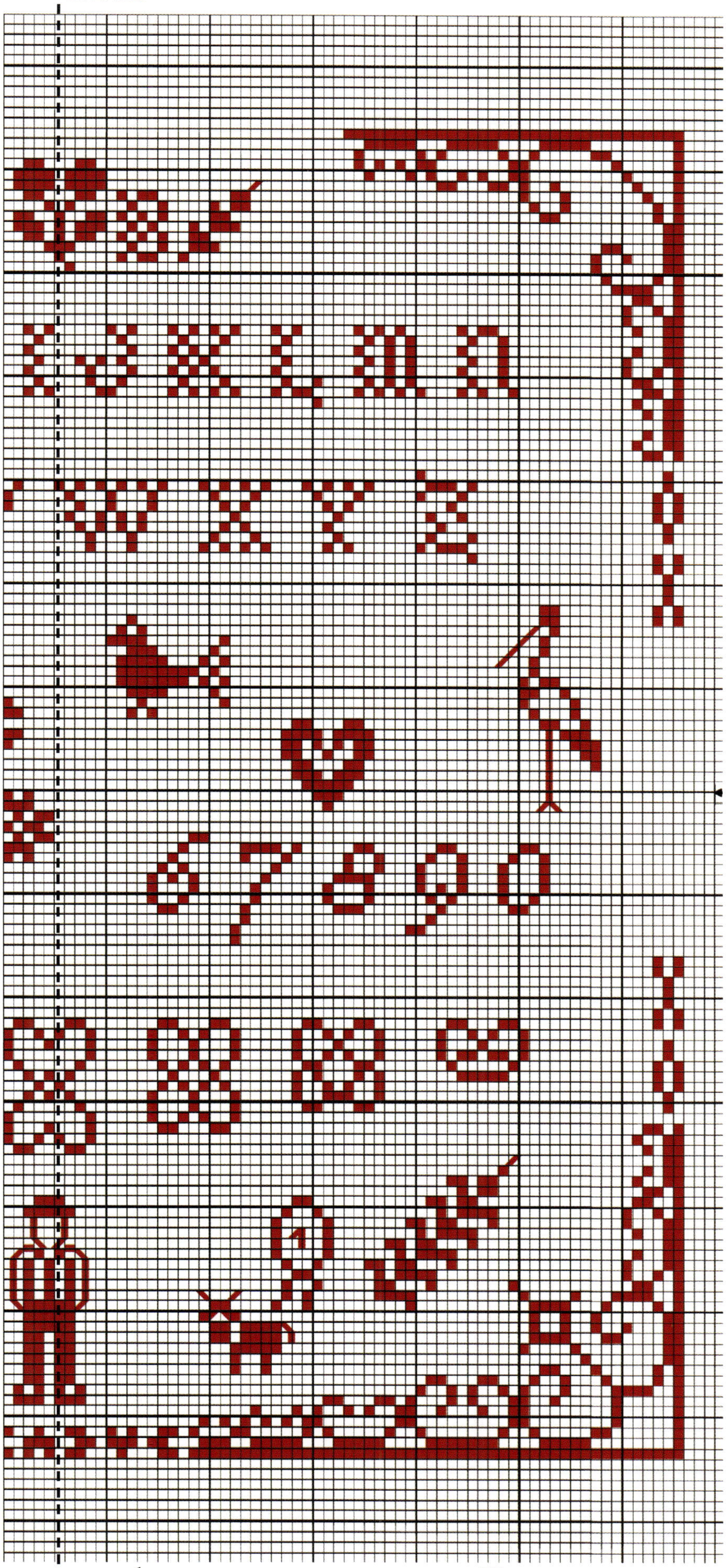

raccord

« **Abécédaire d'Eve** »
Lin naturel
12 fils / cm
(l x h) 152 x 128 pts

DMC 902

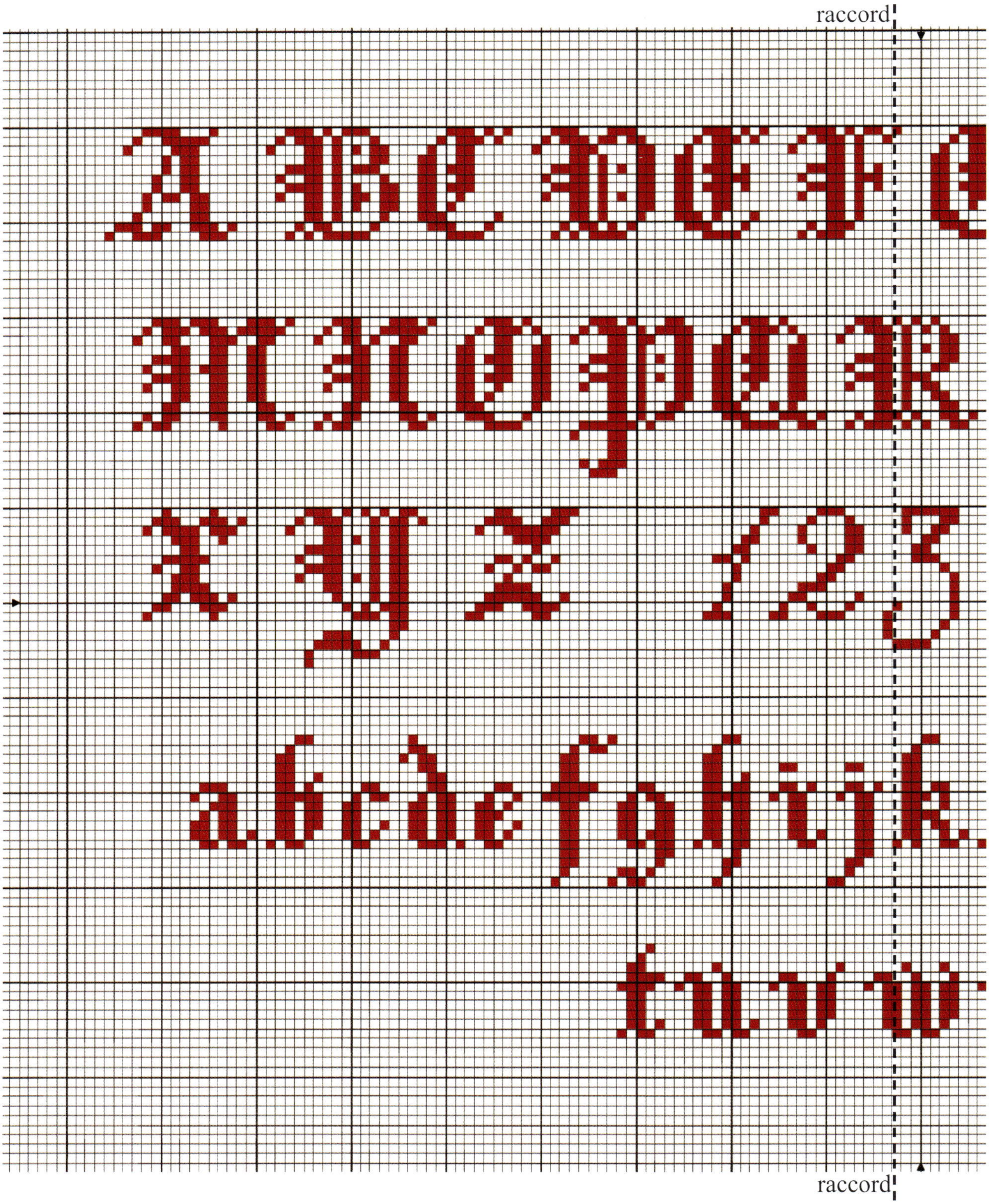
raccord
raccord

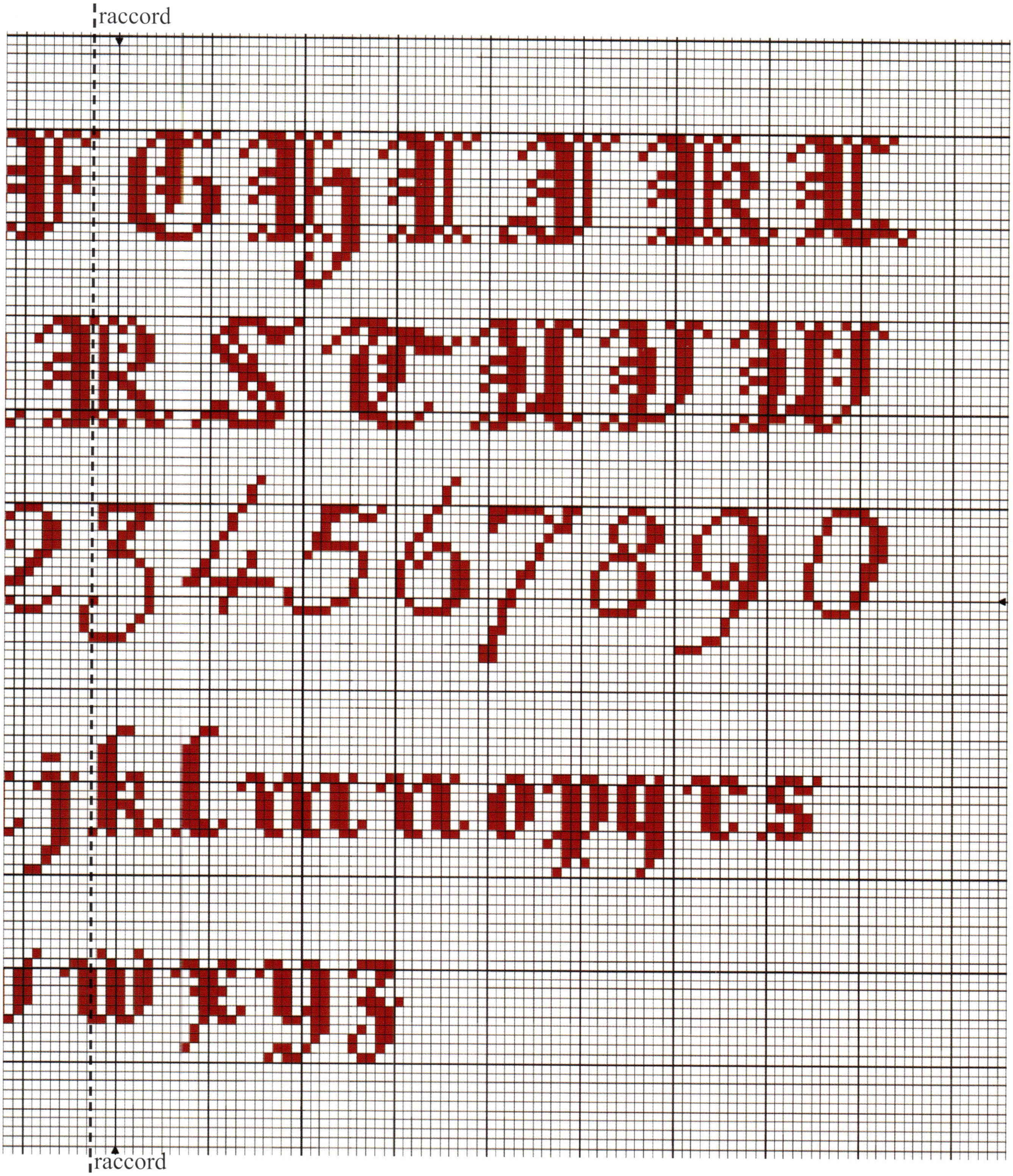
raccord
raccord

raccord

raccord

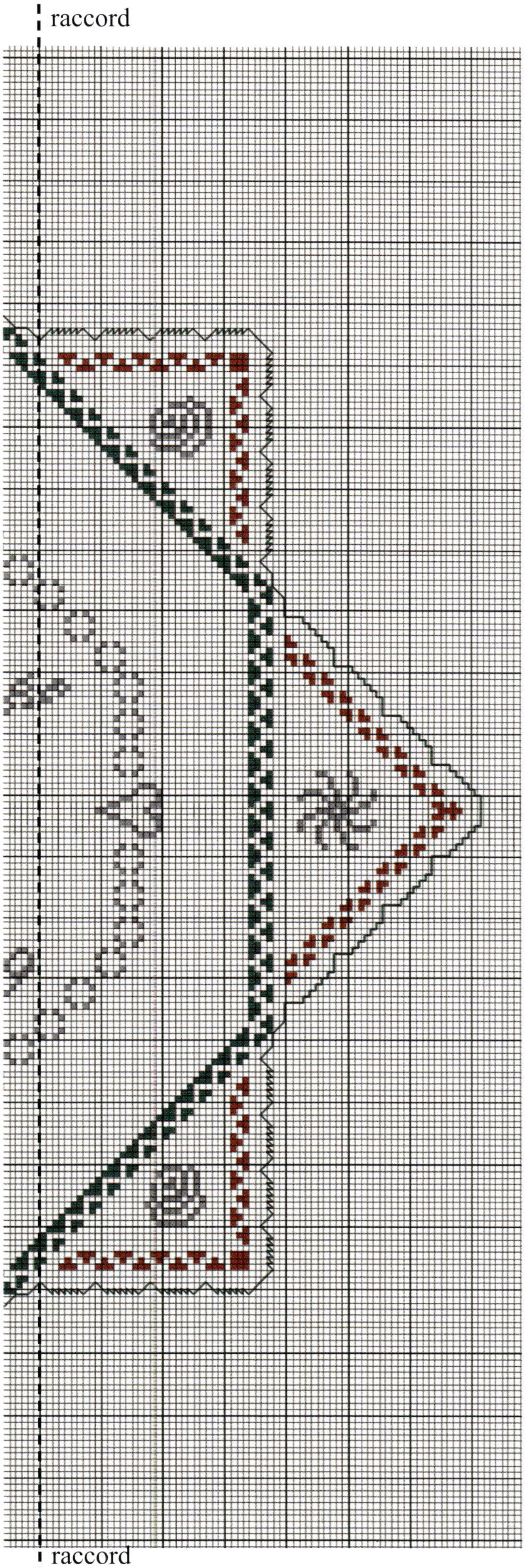

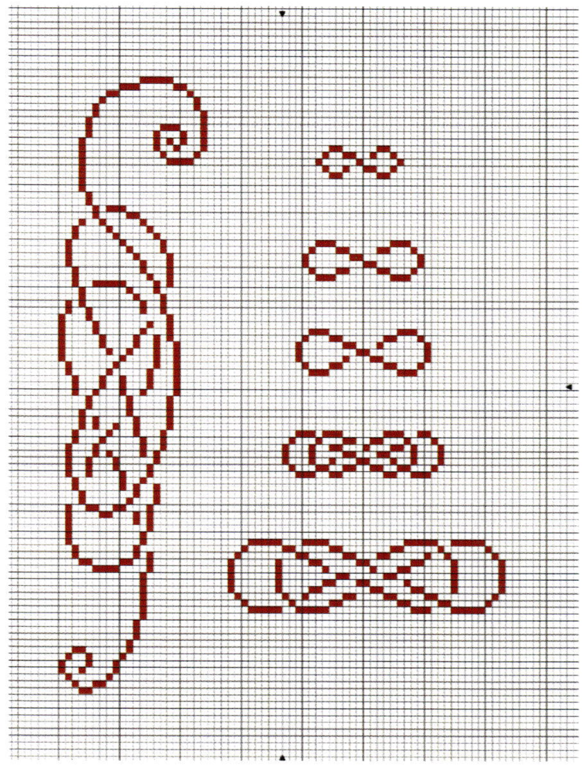

« Gœttelbrief dentelle »
Lin écru
14 fils / cm
(l x h) 225 x 225 pts

DMC
315
3740
3802
Points arrière
3802

« Mariage la vie à deux »
Lin naturel
12 fils / cm
(l x h) 209 x 160 pts

Page de droite :
« Souvenir de naissance »
Lin écru
14 fils / cm
(l x h) 142 x 91 pts

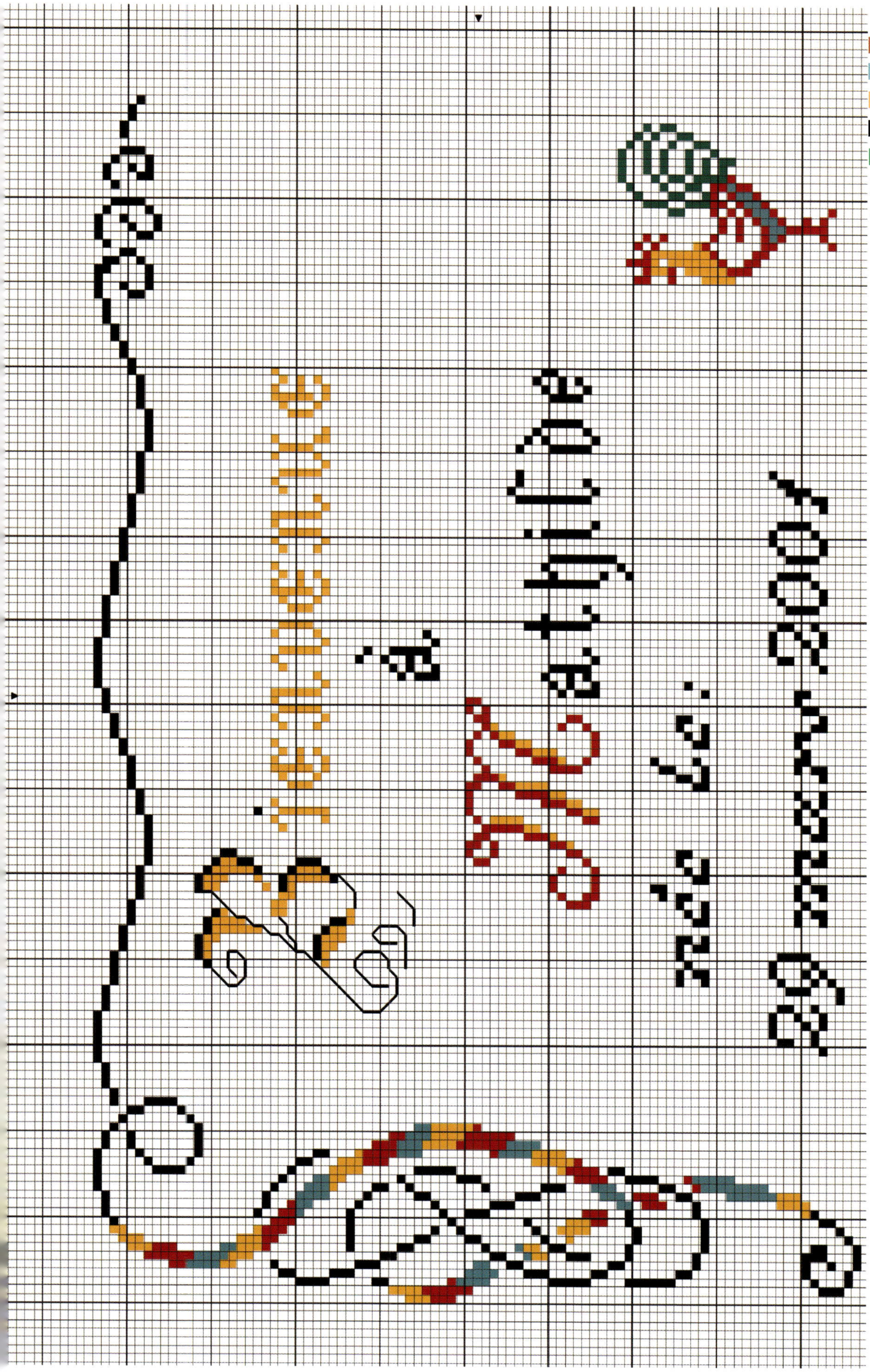

DMC

	321
	807
	725
	310
	3812

Points arrière

310

raccord

raccord

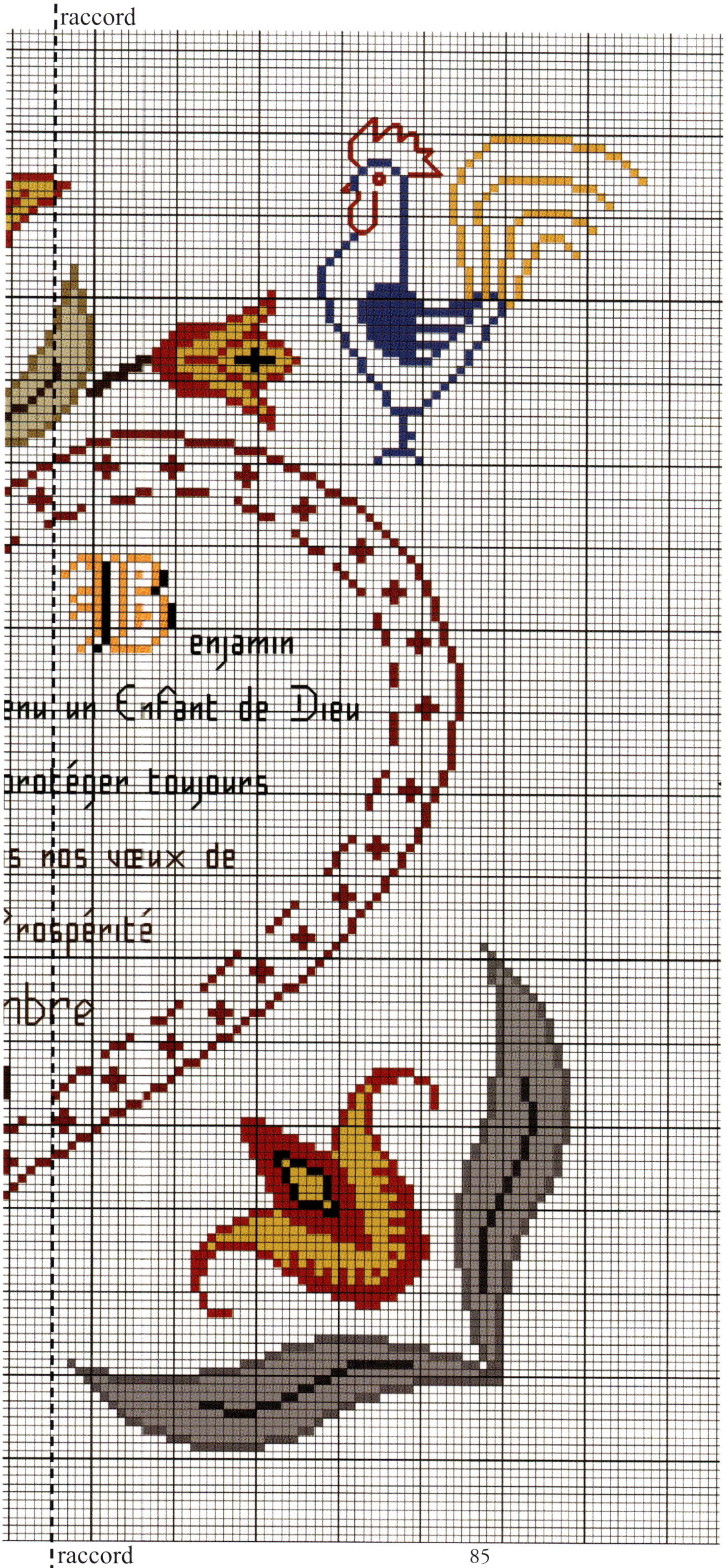

« Gœttelbrief cœur aux coqs »
Lin blanc
14 fils / cm
(l x h) 177 x 161 pts

	DMC
	321
	498
	931
	930
	3045
	444
	725
	898
	995
	310
	932
	3047
	742

« **Mariage cadre fleuri** »
Lin ficelle
16 fils / cm
(l x h) 148 x 161 pts

Points arrières	DMC
	321
	726
	3812
	310

	DMC
	321
	726
	3812
	958
	310
	791
	3799
	307
	807

Page de droite :
« **Mariage sac de dot** »
Lugana écru
5,5 pts / cm
(l x h) 119 x 188 pts

	DMC
	321

Points arrières	DMC
	321

24 VI 2000

14 VII 2000

Page de gauche :
« Mariage grand arbre de vie »
Lin naturel
12 fils / cm
(l x h) 85 x 167 pts

« Mariage couronne de fleurs »
Lin ficelle
16 fils / cm
(l x h) 172 x 154 pts

Points arrières	DMC
	321
	3799

	DMC
	3799
	321
	498
	3705
	666
	826
	703
	807
	725
	991
	958

« Cœur à cœurs »
Lin
16 fils / cm
(l x h) 155 x 133 pts
Fils Caron Waterlilies couleurs changeantes.

Page de droite :
« Mariage un cœur pour deux »
Lin naturel
12 fils / cm
(l x h) 209 x 160 pts

Edith Antoine
23 VI 2007

« Cœur ruban de Noël »
Lin naturel
12 fils / cm
(l x h) 96 x 107 pts

	DMC	Points arrières	DMC
(noir)	310	(trait)	310
(rouge)	321	Points de nœud	310
(vert)	909		

« Cœur de lys »
Lin naturel
12 fils / cm
(l x h) 99 x 103 pts

raccord
raccord

raccord

raccord

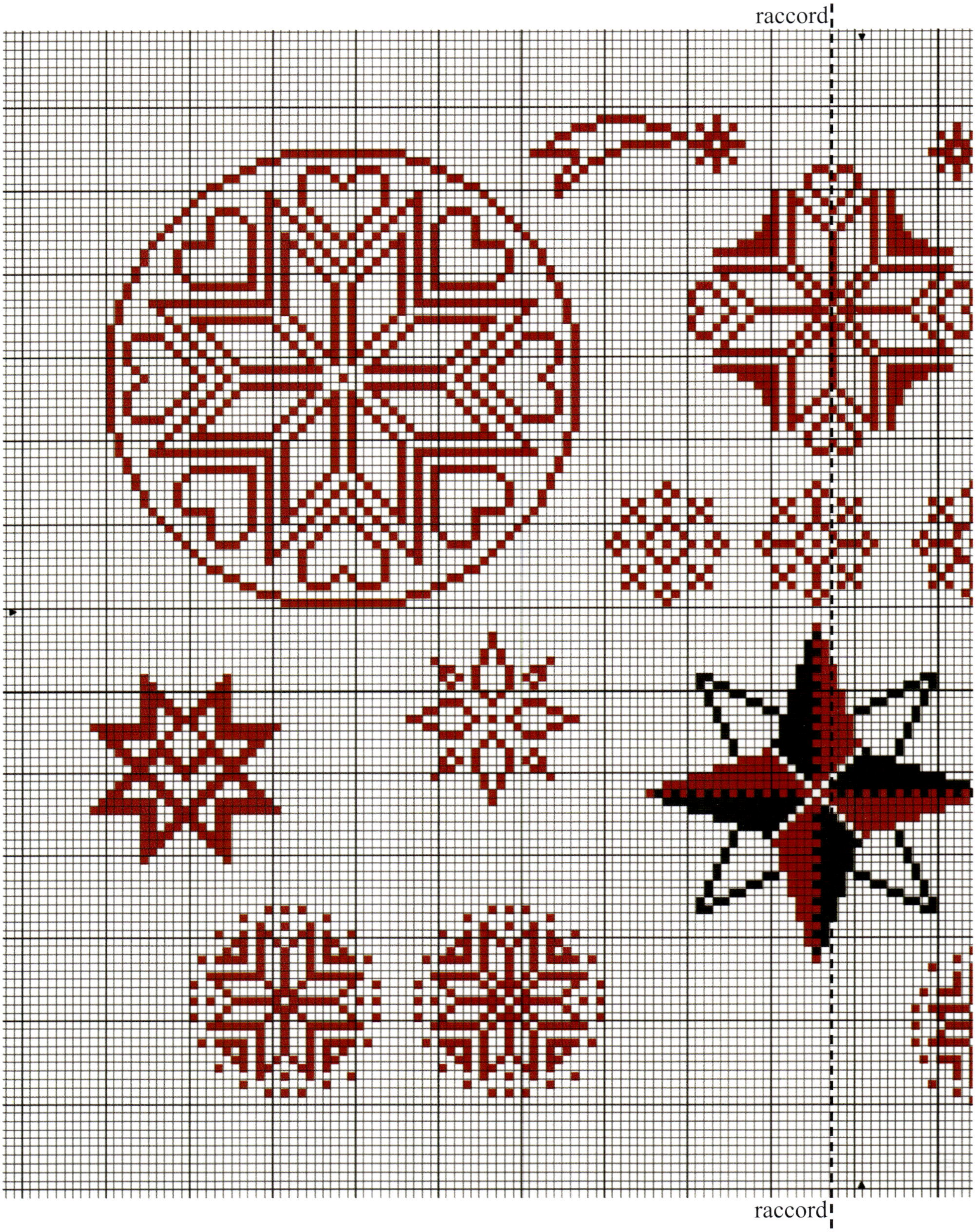
raccord
raccord

raccord

raccord

DMC

321

844

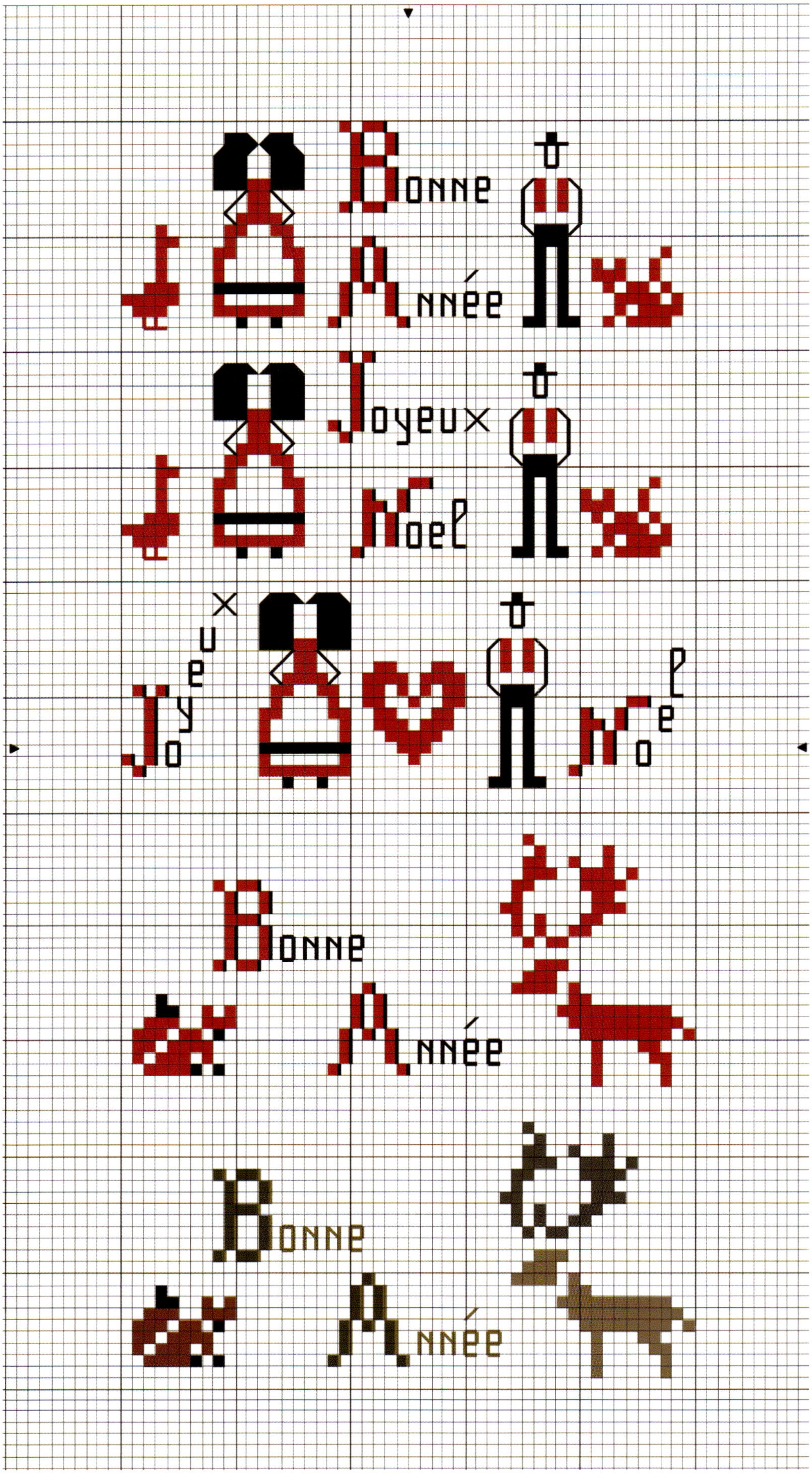

DMC	
(black)	310
(red)	321
(olive)	910

Points arrières	DMC
(black line)	310
(red line)	321
Points de nœud	310

DMC
321
911

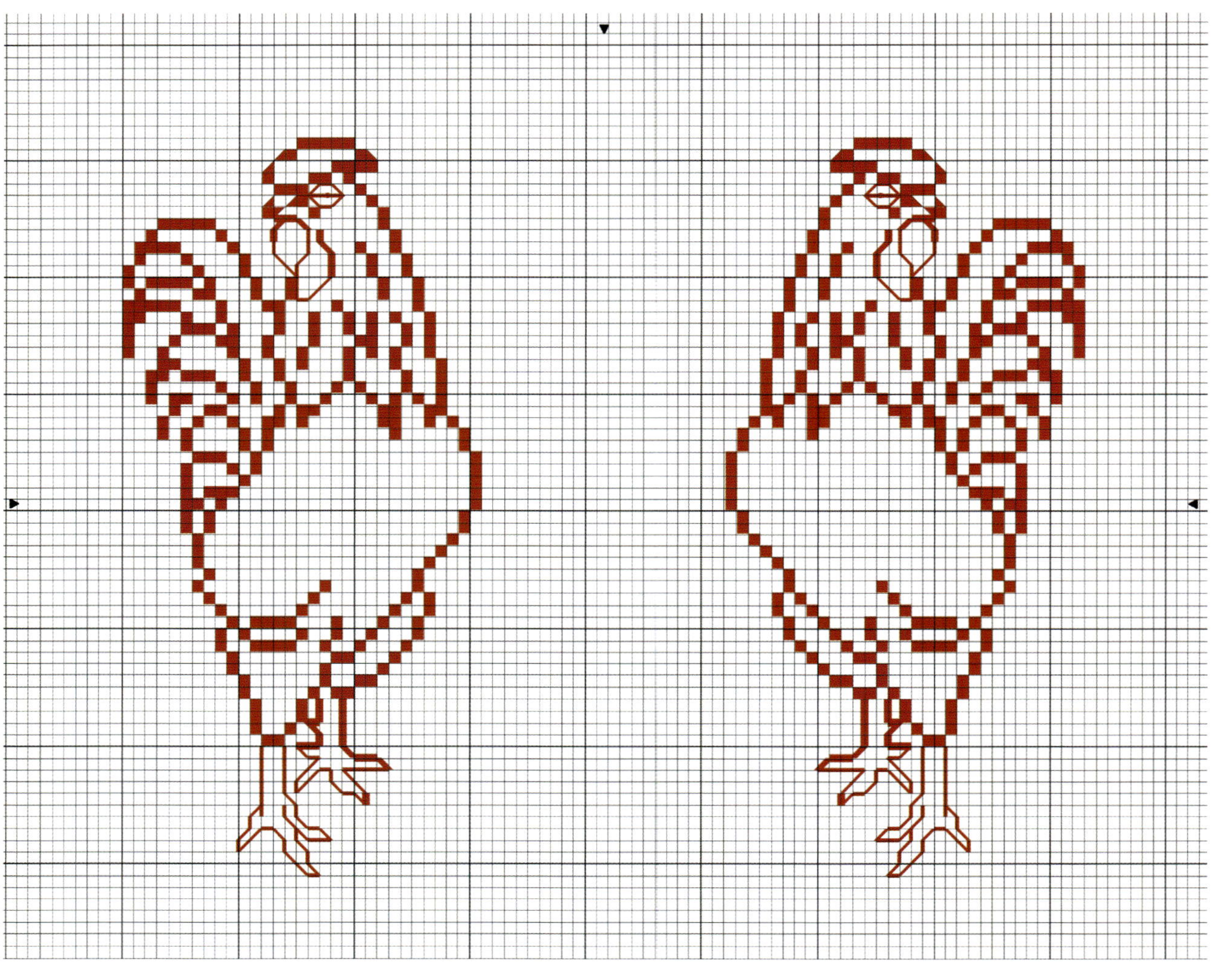

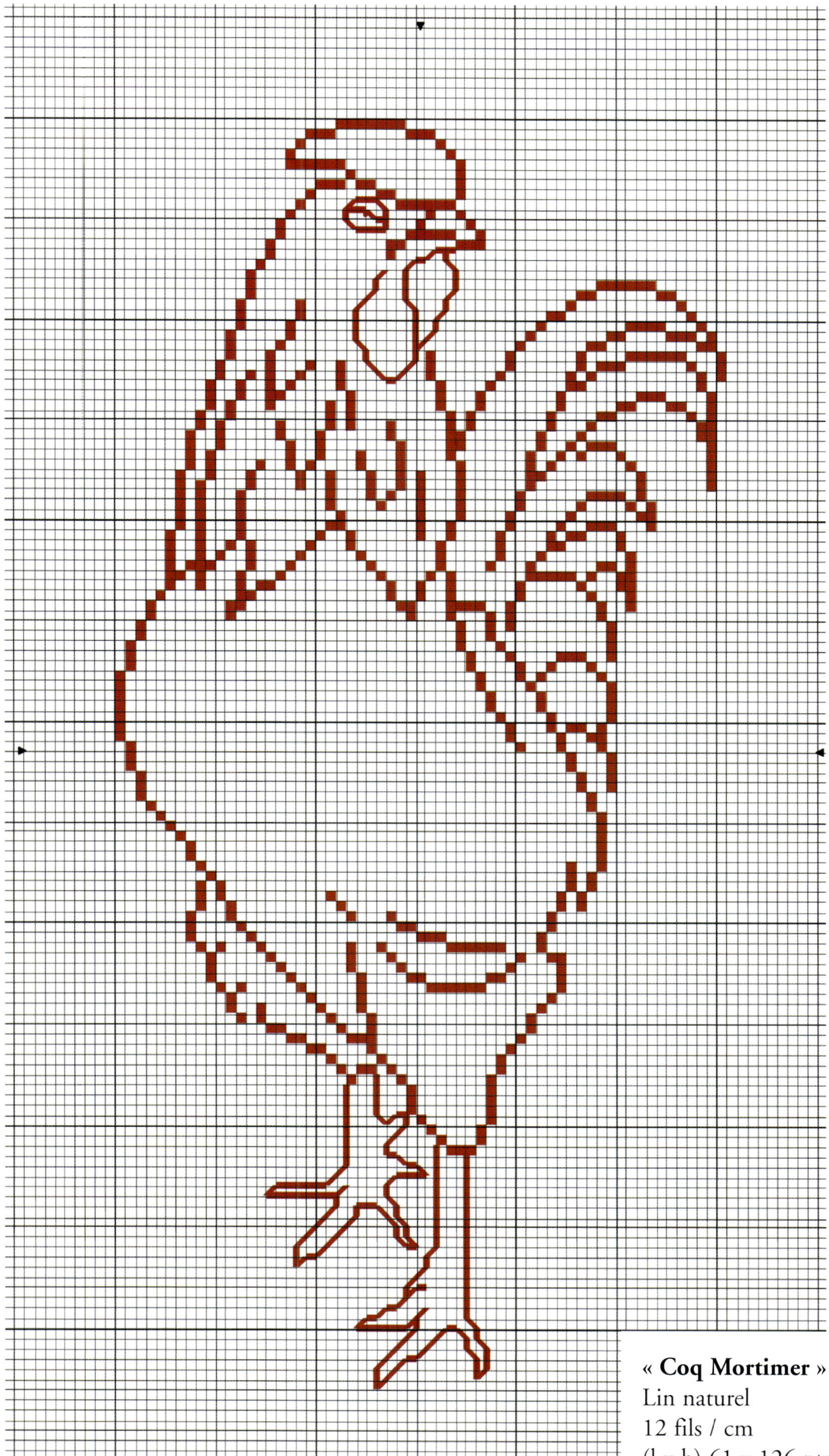

« Coq Mortimer »
Lin naturel
12 fils / cm
(l x h) 61 x 126 pts

« Ferme à colombage »
Lin naturel
12 fils / cm
(l x h) 234 x 127 pts

DMC
3064
356
844

raccord
raccord

raccord

raccord

raccord

raccord

« Robinets à vin »
Lin
12 fils / cm
(l x h) 196 x 256 pts

« Place du village »
Lin naturel
13 fils / cm
(l x h) 173 x 162 pts

DMC
841

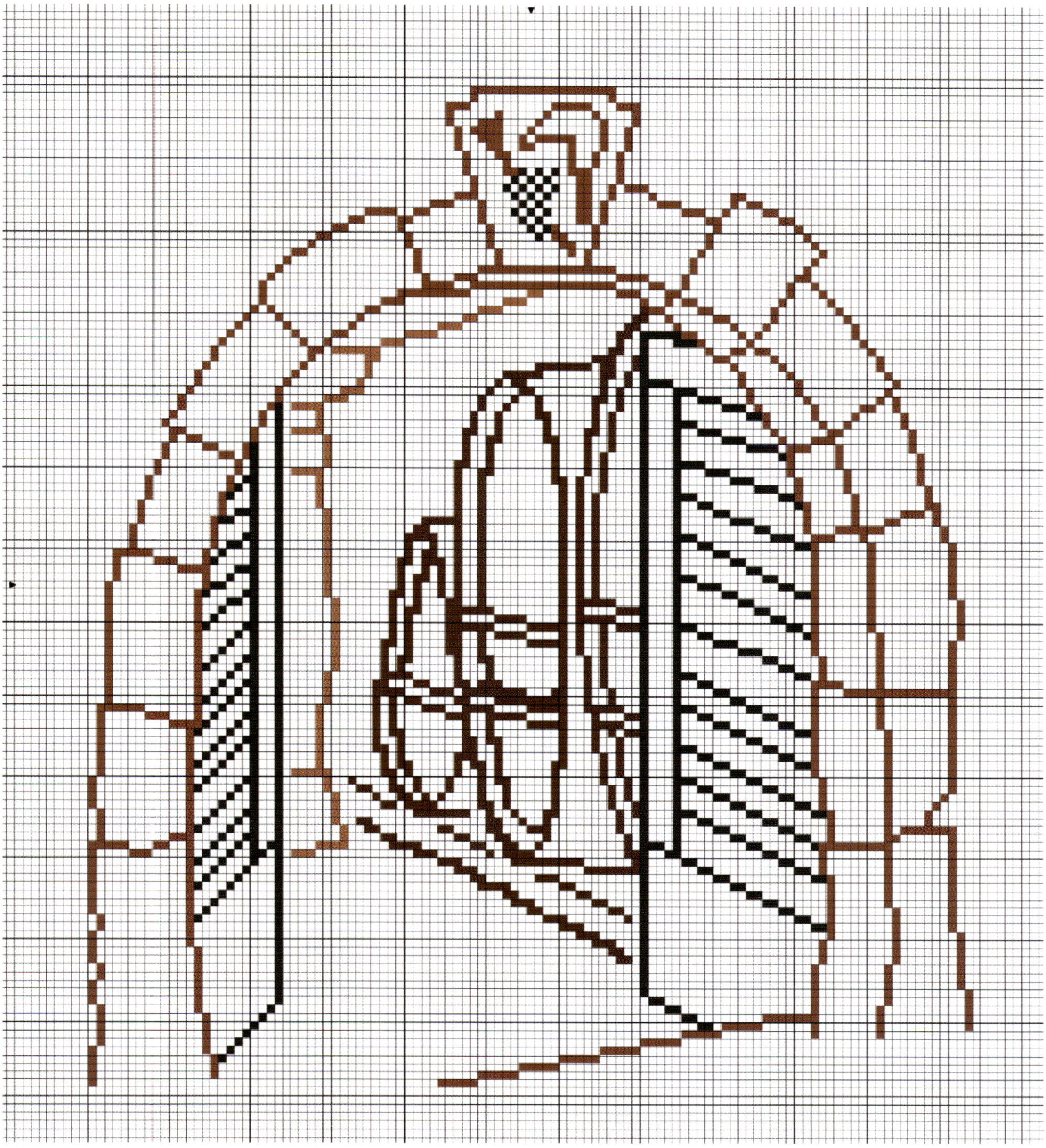

« Secrets de cave »
Aïda
(l x h) 109 x 123 pts

DMC	
	3772
	3064
	844
	3781

DMC	
	321
	310
	726
	958
	796
	3812
	3799

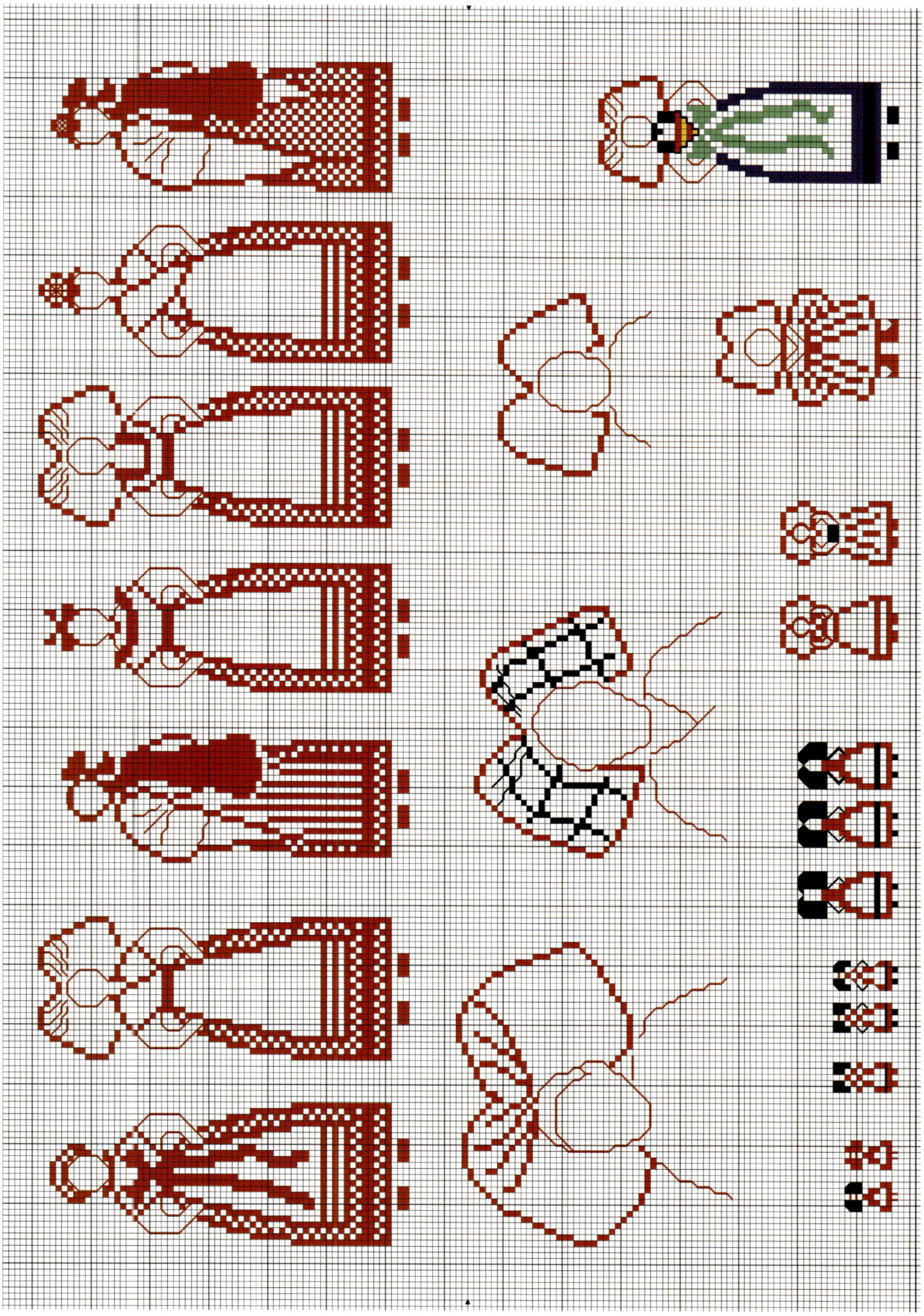

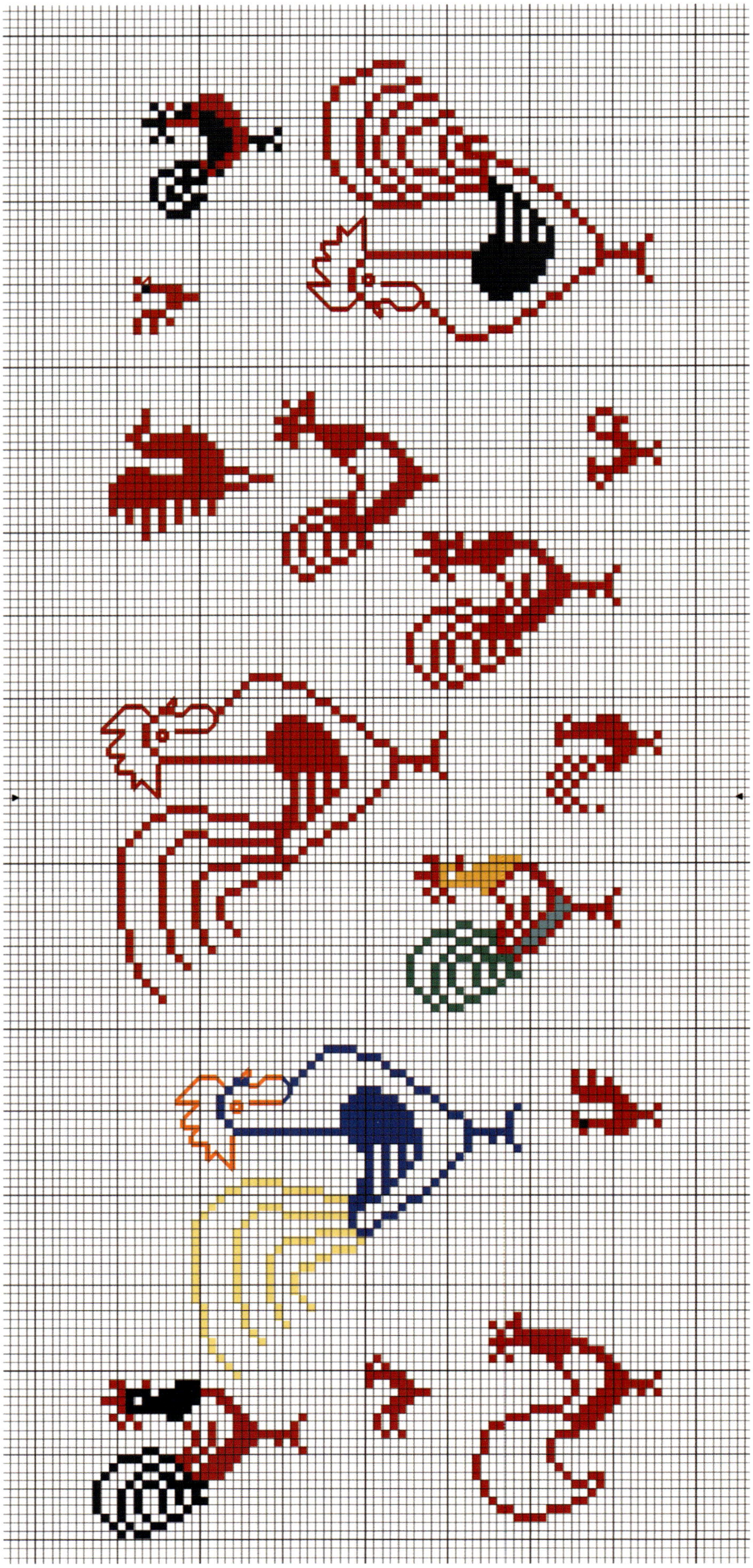

DMC

	321
	995
	727
	807
	725
	3812
	311

Points arrière DMC

	321
	995
	740

Page de droite (haut) :
« Enseigne du boulanger »
Lin écru
14 fils / cm
(l x h) 84 x 93 pts

DMC

	321
	310

Page de droite (bas) :
« Enseigne à l'écrevisse »
Lin ficelle
16 fils / cm
(l x h) 86 x 87 pts

J.Ph.Schmidt

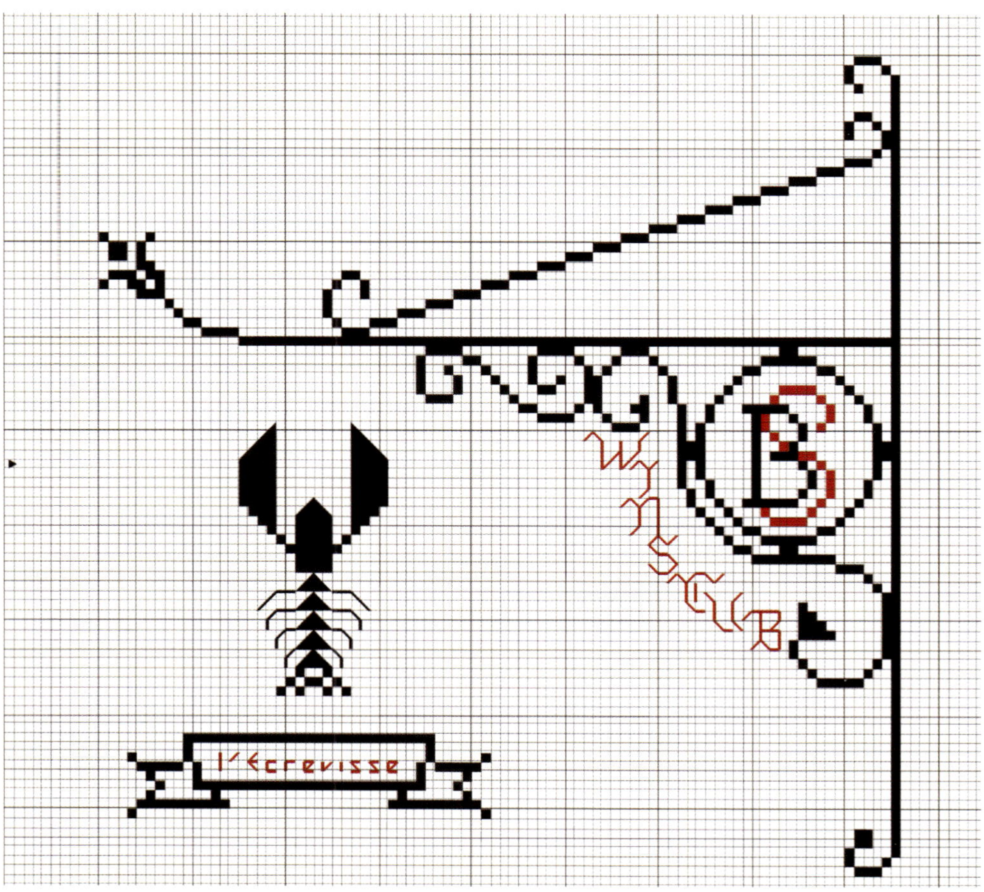
l'Ecrevisse

« Pêle-mêle des coiffes »
Lin ficelle
16 fils / cm
(l x h) 272 x 178 pts

DMC	Points arrière	DMC
3802		3802
3740		3740
732		

raccord
raccord

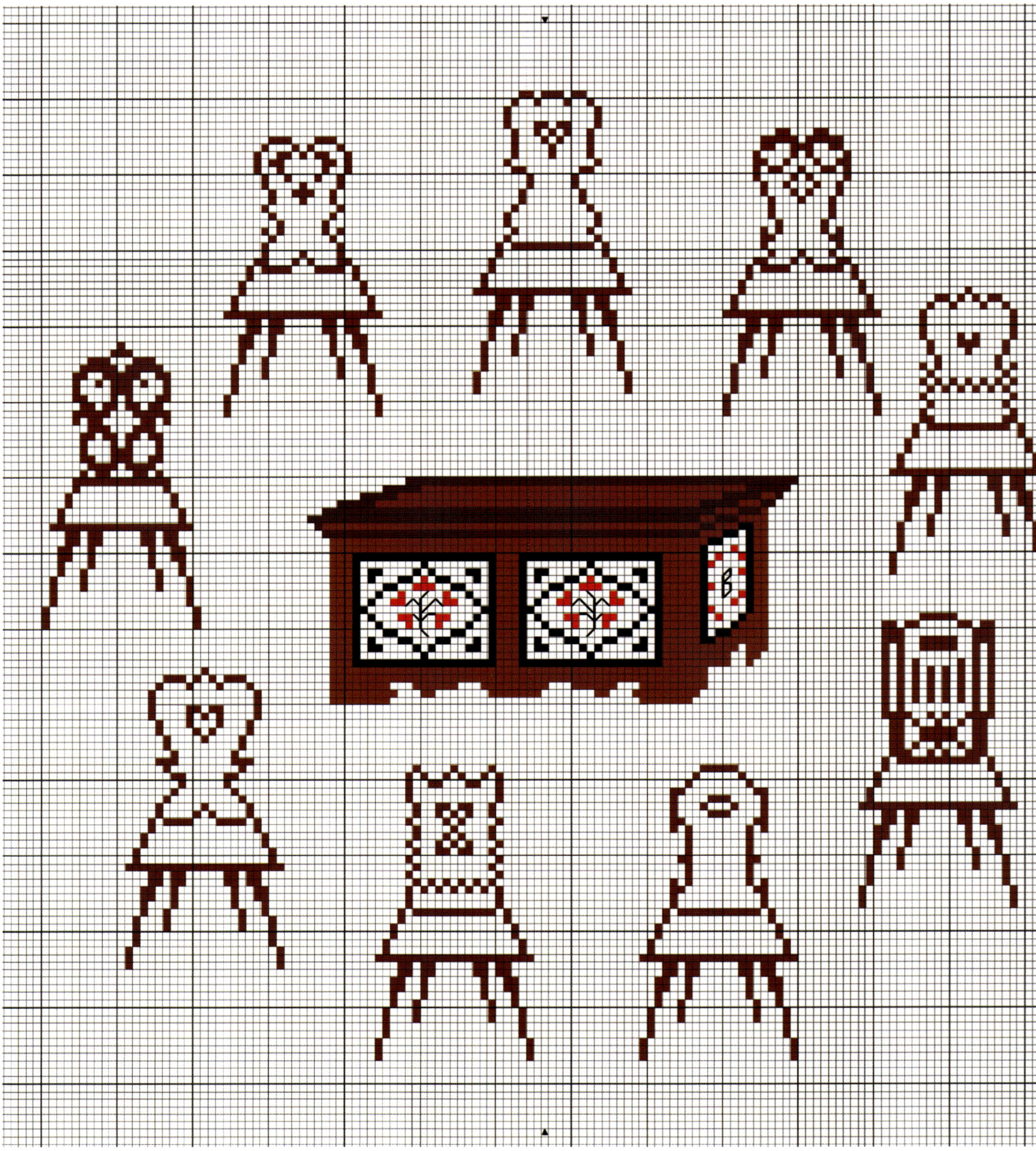

« Ronde des chaises »
Lin naturel
12 fils / cm
(l x h) 133 x 128 pts

	DMC
noir	310
rouge	666
brun clair	434
brun	433
brun foncé	898

Points arrière	DMC
trait noir	310

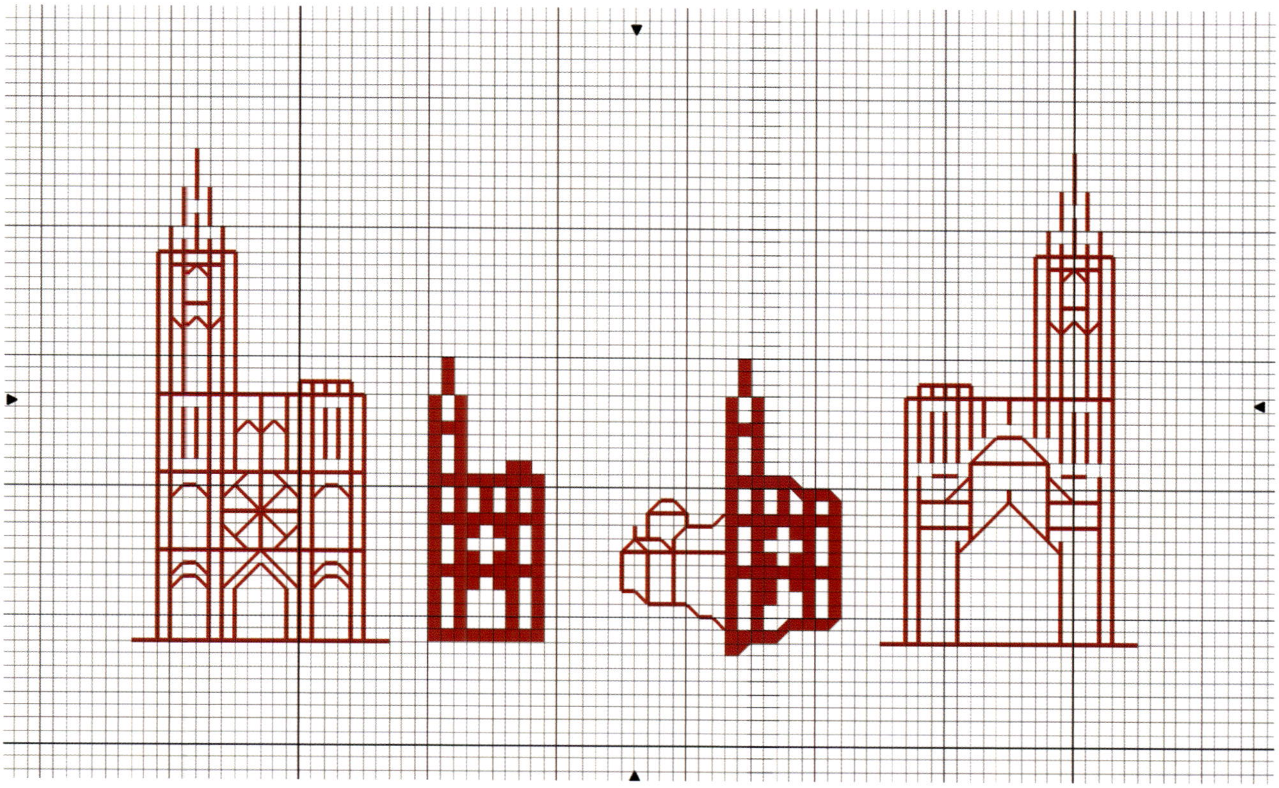

DMC
321
310
307
826
703

« Cache-torchon d'Odette »
Lin blanc
16 fils / cm
(l x h) 44 x 154 pts

DMC
321
310

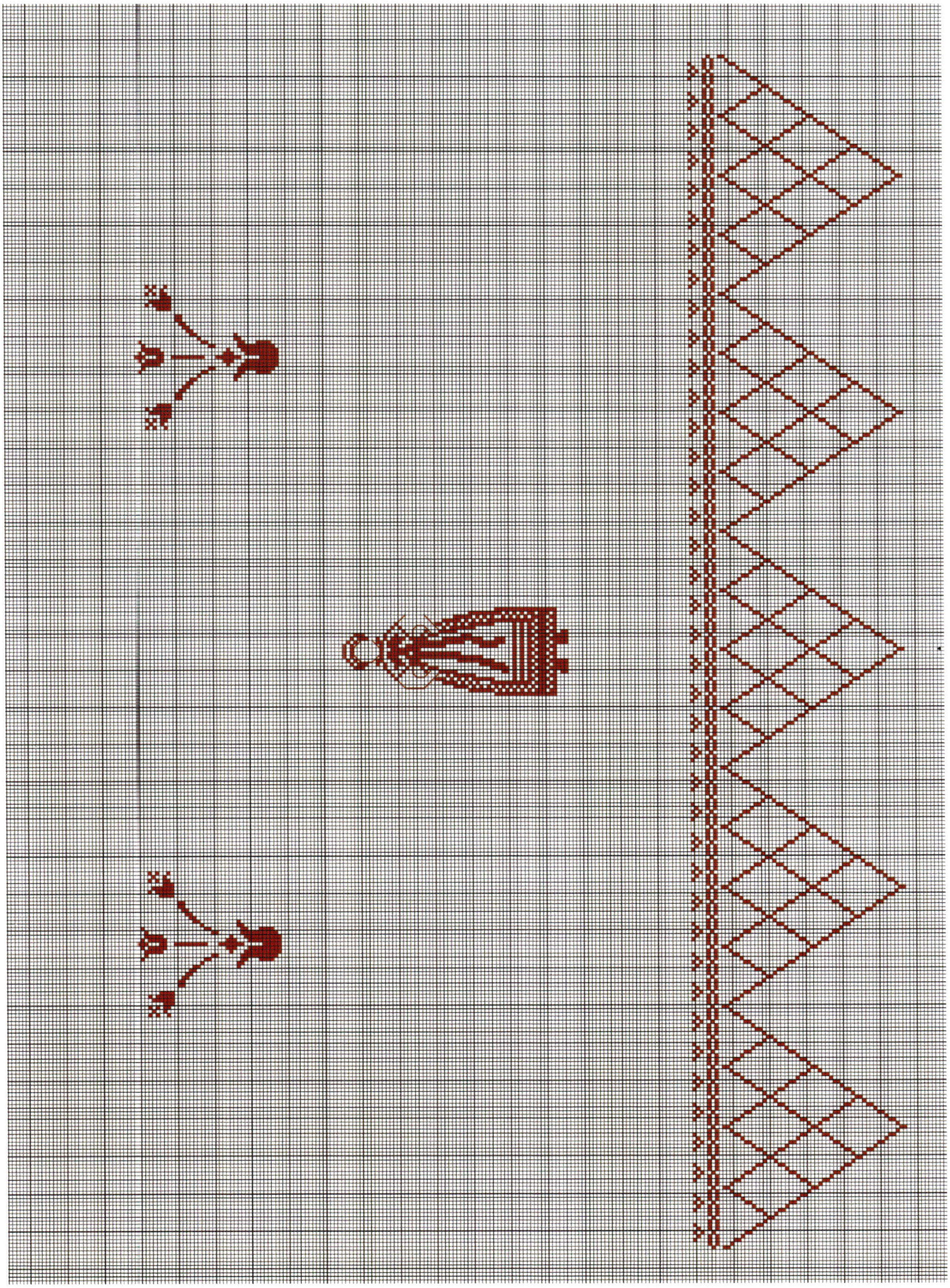

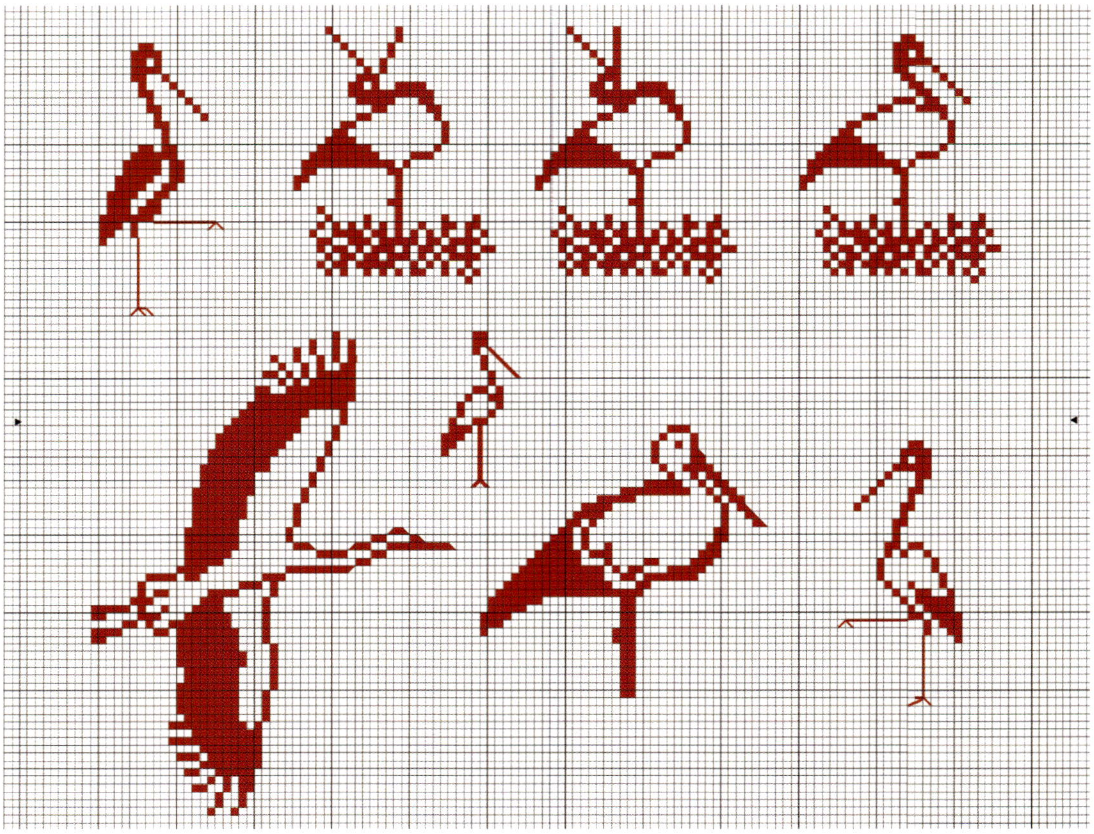

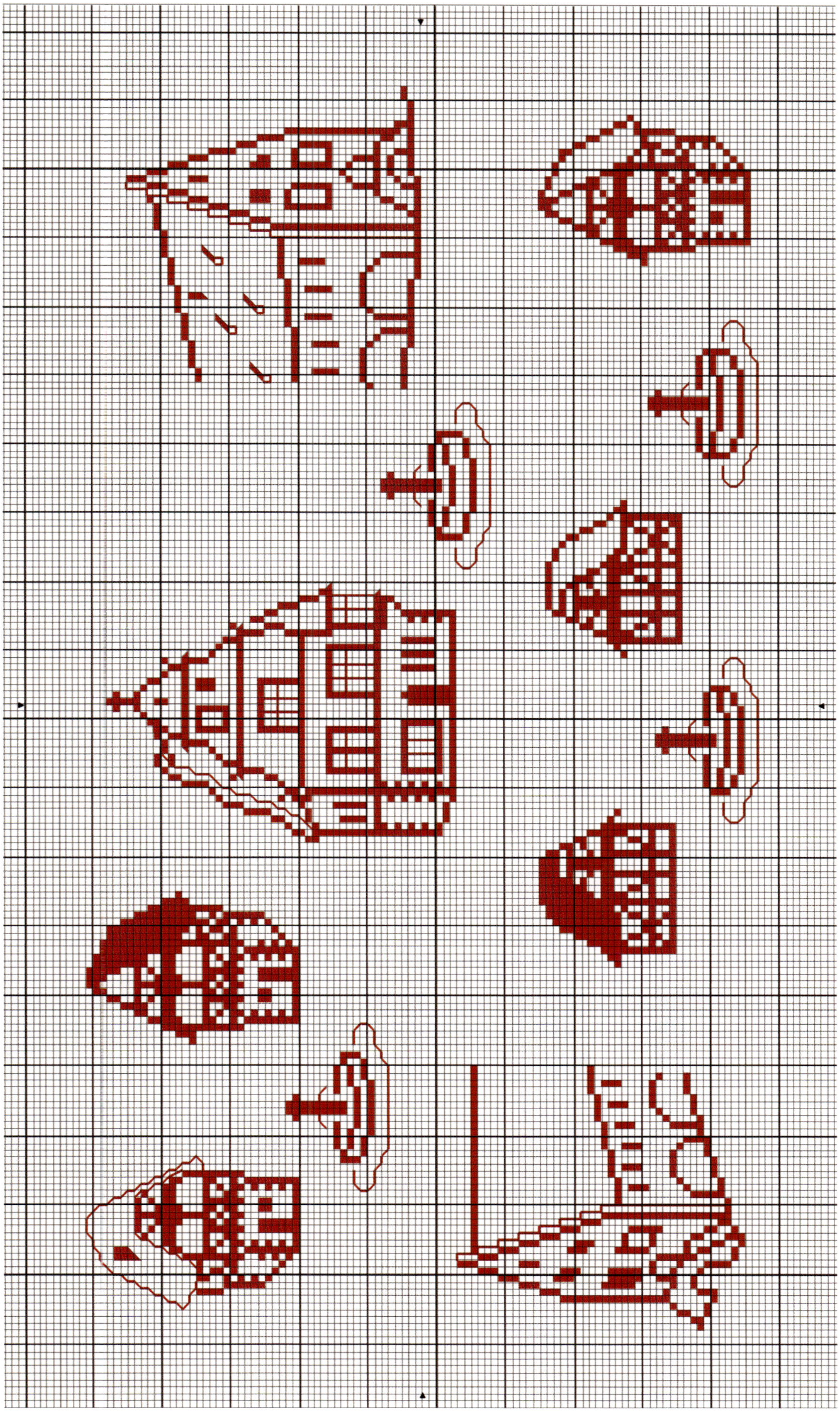

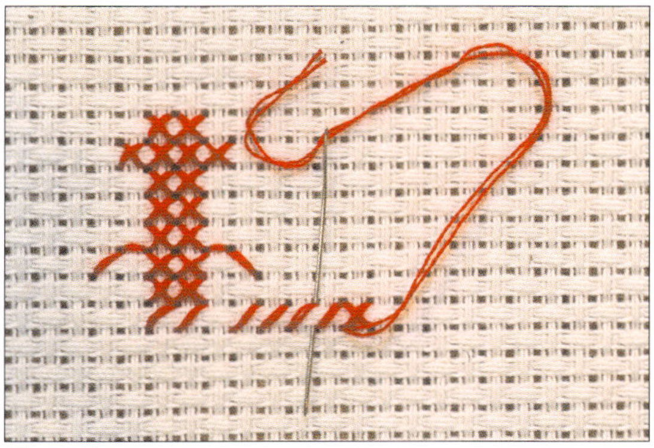

Figure1

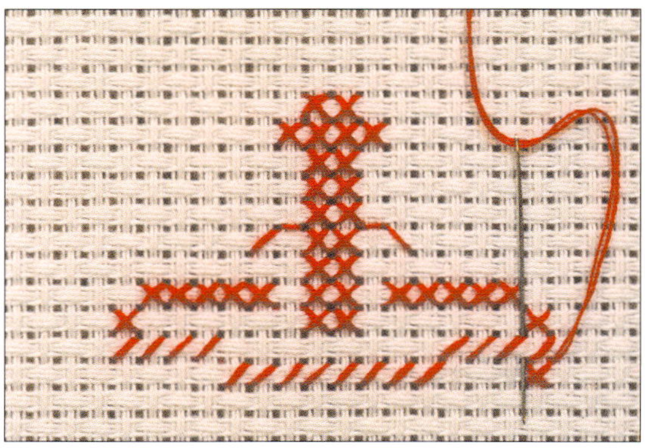

Figure2

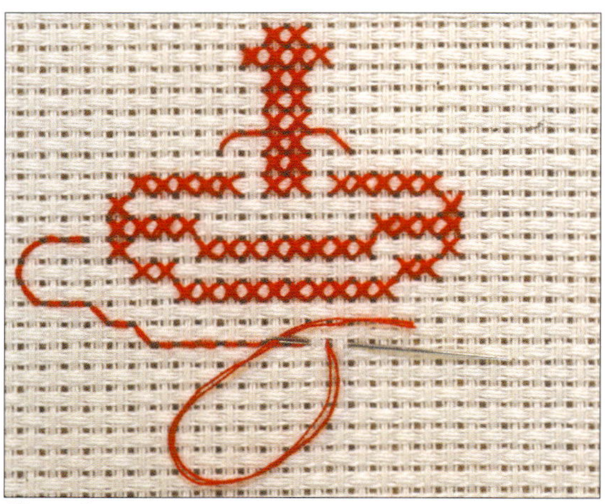

Figure3

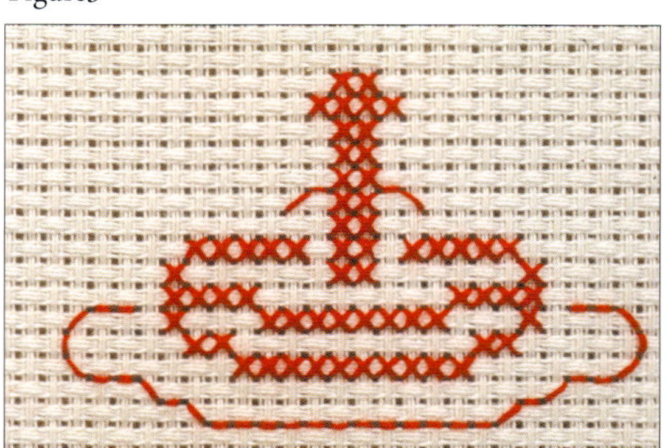

Sujet achevé

Petits rappels techniques

Les supports

Il existe un nombre important de toiles susceptibles d'être brodées. Parmi les plus courantes nous pouvons citer :

La toile Aïda : elle convient particulièrement aux débutantes car son mode de tissage rend les trous bien visibles, ce qui facilite grandement le comptage des points. De plus l'aiguille passe aisément et les croix ainsi formées sont bien régulières. Les toiles les plus couramment employées sont celles dites à 5,5 et 7 points/cm.

Les toiles uni fil : ce sont des toiles en fibres mélangées, comme la « Lugana », qui offrent une très bonne tenue à l'entretien. Elles sont recommandées pour la réalisation d'ouvrages amenés à être lavés régulièrement (torchons, housses de coussins, etc.).

Les toiles de lin : elles donnent aux ouvrages un aspect plus raffiné. Elles demandent cependant plus d'attention que les autres et de ce fait sont réservées aux brodeuses averties. Elles sont tissées suivant les cas de 10 à 16 fils au cm.

Suivant le résultat escompté, les points seront réalisés soit en prenant deux fils de trame et deux fils de chaîne avec une aiguillée de deux brins, comme c'est le cas généralement, soit, pour obtenir un travail plus fin aux contours plus doux, en travaillant sur un fil de trame et un fil de chaîne avec une aiguillée d'un seul brin.

Les points

Le point de croix : il se réalise en deux étapes :

- l'aller, qui s'effectue en brodant une rangée de points en diagonale (des demi-points). Il faut pour cela sortir l'aiguille par le bas à gauche et piquer en diagonale en haut à droite, puis ressortir à la verticale et en dessous pour poursuivre ainsi de la gauche vers la droite. (voir fig.1).

- le retour, qui se fait en revenant de la droite vers la gauche, les deuxièmes demi-points (diagonales) se faisant du bas droit vers le haut gauche. (voir fig.2).

Il est important de toujours croiser les fils dans le même sens afin que l'ouvrage soit bien régulier et ne présente aucune différence de brillance d'un point à l'autre s'il est placé sous une lumière rasante, afin de ne pas nuire à l'esthétique de l'ouvrage.

Le point arrière : il s'agit du point généralement utilisé pour marquer les contours des sujets brodés. Pour l'exécuter, il faut sortir l'aiguille sur l'endroit de l'ouvrage, piquer en revenant en arrière et ressortir un point plus loin vers l'avant (voir fig.3).

Le matériel

Le fil à broder : le plus utilisé est en coton tel que le « Mouliné Spécial » de DMC. Ce fil doit être de bonne qualité pour être sûr de retrouver toujours les mêmes teintes d'une échevette à l'autre, afin d'éviter que les brins ne se délitent en brodant et qu'ils subissent des désagréments en cas de lavage. Les fils se présentent principalement sous forme d'échevettes, constituées de plusieurs brins (6 pour DMC) qu'il est possible de séparer. Une aiguillée est confectionnée en prélevant une longueur de 40 cm environ et en utilisant les brins par un, par deux, voire par trois.

Il existe également des fils de soie dans des palettes de couleurs infinies, plus onéreux mais d'un rendu plus raffiné.

L'aiguille : pour travailler sur de la toile Aïda, il faut utiliser une aiguille à broder à bout rond n°24 ou n°26. Sur du lin, dont le tissage est plus serré (14 ou 16 fils/cm), il faut choisir de préférence une aiguille n°28.

Les ciseaux : de petits ciseaux pointus et bien aiguisés seront indispensables et parfaitement adaptés.

Le tambour à broder : il permet de réaliser une broderie impeccable sur un support parfaitement tendu (les croix seront plus régulières) sans pour autant être trop encombrant. Le tambour se compose classiquement de deux anneaux en bois s'emboîtant l'un dans l'autre. Le plus grand est muni d'un fermoir à vis.

Pour l'utiliser, il faut positionner la toile sur le petit anneau en centrant parfaitement la partie à broder, encastrer le grand anneau par-dessus, puis serrer modérément la vis et tendre la toile. Une fois celle-ci bien en place, il faut serrer fermement.

Lexique

Liteau : Raie colorée qui, vers les extrémités, traverse le linge de maison d'une lisière à l'autre.

Entre-deux : Bande de broderie ou de dentelle à bords droits, cousue des deux côtés, ornant un ouvrage de lingerie.

Rinceau : Ornement fait d'éléments végétaux disposés en enroulements successifs.

Chaîne : Ensemble des fils parallèles, disposés dans le sens de la longueur d'une pièce de tissu, entre lesquels passe la trame.

Trame : Ensemble des fils passant transversalement entre les fils tendus de la chaîne d'une étoffe que l'on tisse.

Armure : Mode d'entrelacement des fils d'un tissu.

Toile : Tissu à armure croisée la plus simple.

Aplat : Couleur étendue de manière uniforme.

Métis : Tissu dont les fils de chaîne sont en coton et ceux de trame en lin.

Tissu : Etoffe obtenue par l'entrelacement régulier de fils textiles.

Étamine : Etoffe mince non croisée.

Marquette : Modèle exécuté lors de l'apprentissage de la broderie.

Glossaire

Bouquet trilobe : *Dreispross*

Marquette modèle : *Stickmusterdiechel*

Serviette de corbeille : *Korbtuechle, Korbtiechel*

Bordure ou liteau : *Borte*

Fille d'honneur : *Brütjungfere, Schmollmaidle*

Cache-torchon : *Tüerzweïle, Ewerhandtüecher, Tierzweel*

Essuie-mains : *Handtüecher*

Couturière : *Trachtenägere*

Couturière pour le blanc : *Weissnägere*

Brodeuse professionnelle : *Trachtestickere*

Pastel : *Waid*

Bleu de Cologne : *Kölnisch blau* (ou *blöj*)

Garçon d'honneur : *Schmollbuwe*

Arbre de vie : *Läwesbaum*

Poteau cornier : *Eckstaender*

Décor gratté : *Kratzputz*

Tuile protectrice : *Schutzziegel*

Tuile porte-bonheur : *Gliecksziegel*

Tuile de fin de journée : *Fieroweziegel*

Pièce à vivre (séjour) : *Grosstub*

Poêle en faïence : *Kacheloffe*

Poêlier : *Kachler*

Foire de Noël : *Chrischkindelsmaerik*

Bouquet d'amour : *Maïkrug*

Serpette de vigneron : *Rabmasser*

Point de croix : *Krizzelstich*

Point de tige : *Stielstich*

Marquette modèle : *Stichmuschtertüechel, Muschtertiechel*

Fontaine : *Dorfbrunne*

Coussin de baptême : *Taufkissen*

Pierre chauffe-lit : *Bettstein*

Souvenir de baptême : *Goettelbrief*

Souvenir de mariage : *Hochzeitstext*

Souvenir mortuaire : *Leichentext, Lichtetext*

Croix de Saint-André : *Andréaskriz*

Colombages : *Fachwerik*

Torchis : *Wickelbodde*

Chaise paysanne : *Brettstuehl*

Poutre maîtresse : *Durichzug*

Producteur de chanvre : *Haenfer*

Toile à carreaux rouges et bleus : *Koelsch, Kelch*

Métier à tisser : *Webbstuehl*

Coiffe alsacienne : *Schupfkapp*

Moule à gâteau : *Kuechemodel*

Pochoir pour décorer les sacs de blé : *Sachzeicherschablon*

Pour en savoir plus

Bibliographie

Alsatiques

George Klein, *Arts et Traditions populaires d'Alsace.*
George Klein, *Le mobilier polychrome en Alsace.*
Freddy Sarg, *En Alsace, traditions et soins aux grandes étapes de la vie.*
Freddy Sarg, *Fêtes et coutumes d'Alsace au fil de la vie.*
Paul Kauffmann, *Nos petits Alsaciens chez eux.*
Paul Kauffmann *L'Alsace traditionaliste.*
Monique Mangold et Bernard Naegelen, *Les plus beaux villages d'Alsace.* Marie-Noële Denis et Marie-Claude Groshens *L'architecture rurale française : Alsace.*
Notre Alsace à la belle époque.
Le mariage traditionnel en Alsace.
François Lotz. *Les Goettelbriefe.*
Michel Charvet, *Coiffes et costumes d'Alsace.*
Bernard Demay-Kapp. *L'intérieur paysan en Alsace.*
Thierry Fischer et Christian Fuchs. *Les maisons d'Alsace.*
Rosheim : emblèmes des métiers d'autrefois.

Point de croix

Françoise Clozel et Laurence Roque, *L'abécédaire du point de croix.*
Brigitte Franche, *Marquoirs et trousseaux en Bourgogne.*
Musée des Arts et Traditions populaires, Paris, *Point de croix « Au bonheur des filles ».*
Du point de marque au point de croix.

Divers

Jean Chevalier et Alain Gheerbrant. *Dictionnaire des symboles.*

Musées

Musée de l image populaire, Pfaffenhoffen.
Musée de Bouxwiller et du pays de Hanau, Bouxwiller.
Maison du village d'Offwiller, Offwiller
Maison rurale de l'outre forêt, Kutzenhausen
Musée alsacien, Strasbourg
Musée du pain d'épice et des douceurs d'autrefois, Gertwiller
Musée d'Unterlinden, Colmar
Ecomusée d'Alsace, Ungersheim
Musée du Buchneck, Soultz.
Musée du textile et des costumes, Husseren-Wesserling
Musée paysan, Oltingue

Achevé d'imprimer
le 20 Novembre 2003,
sur les presses de Beta,
Barcelone.